本书为贵州省教育科学规划课题《"体回归教"需求下体育教育人才孕育的供给侧改革研究》（课题编号：2023B042）研究成果。

体育核心素养导向下高校羽毛球教学设计与创新研究

蒋桂芳 / 著

武汉理工大学出版社
·武汉·

内容提要

本书主要基于体育核心素养对高校羽毛球教学设计与创新展开研究。首先分析体育核心素养的内涵和体育核心素养视角下的高校体育教育，其次探讨大学生体育核心素养的培养现状与方法，再次对高校羽毛球教学设计理论、体育核心素养下的羽毛球教学要素设计进行详细分析，最后对高校羽毛球教学的现状、革新以及在体育核心素养导向下的创新发展路径进行分析探索。本书主题鲜明，结构清晰，逻辑严谨，能够为高校羽毛球教学设计、教学发展及培养大学生的体育核心素养提供科学的理论指导与方法参考。

图书在版编目（CIP）数据

体育核心素养导向下高校羽毛球教学设计与创新研究 / 蒋桂芳著. -- 武汉：武汉理工大学出版社, 2024. 6. -- ISBN 978-7-5629-7116-0

Ⅰ. G847.2

中国国家版本馆CIP数据核字第2024PR4702号

责任编辑：严　曾
责任校对：尹珊珊　　　排　版：米　乐
出版发行：武汉理工大学出版社
社　　址：武汉市洪山区珞狮路122号
邮　　编：430070
网　　址：http://www.wutp.com.cn
经　　销：各地新华书店
印　　刷：北京亚吉飞数码科技有限公司
开　　本：710×1000　1/16
印　　张：13.75
字　　数：218千字
版　　次：2025年1月第1版
印　　次：2025年1月第1次印刷
定　　价：86.00元

凡购本书，如有缺页、倒页、脱页等印装质量问题，请向出版社发行部调换。
本社购书热线电话：027-87391631　87664138　87523148

·版权所有，盗版必究·

前 言

当今世界，随着经济的飞速发展和科技的不断进步，世界经济一体化、全球化、信息化进程显著加快。日新月异的新时代、新社会对大学生的综合素质提出了更新、更高的要求，高校要力争培养更具竞争力、更加适应社会发展的综合型、全面型人才。核心素养是未来大学生适应社会高速发展、实现自我价值的关键。2014年，教育部颁布了《关于全面深化课程改革 落实立德树人根本任务的意见》。文件中指出了核心素养是落实立德树人教育目标的基础，并提出研制和发展学生核心素养的体系、标准、教材以及措施等。随着培养学生核心素养理念的提出，体育也要发挥自身优势，以"核心素养"为目标，培养学生的体育核心素养。体育核心素养是核心素养的重要组成部分，未来高校体育改革必定以培养大学生体育核心素养为方向，全面构建我国高校体育发展的新格局。

羽毛球是高校体育课程体系的重要组成部分，随着核心素养视角下高校体育的深入改革，目前高校羽毛球教学已经不能完全满足大学生的需求，体育核心素养的提出预示着羽毛球教学的转型，从传统课堂走向深度课堂，羽毛球教师在教学过程中不能只关注大学生的运动能力，还应注重对大学生体育精神与健康行为的培养。因而，高校羽毛球教学设计要进行相应的变革，使羽毛球教学过程朝着培养与提升大学生体育核心素养的方向不断创新与发展。基于此，作者在查阅大量相关著作文献的基础上精心撰写了本书。

本书共六章。第一章是体育核心素养与高校体育教育，主要阐述核心素养与体育核心素养的内涵，分析核心素养视角下高校体育课程改革、体育教师专业发展和体育教育的展望。第二章是大学生体育核心素养的科学培养，在阐明大学生体育核心素养培养的重要价值的基础上，着重分析了大学生体育核心素养培养的现状、影响因素以及有效策略。第三章是高校羽毛球教学设计理论，内容包括高校羽毛球教学理念、教学基本原则，羽毛球教学设计的理论基础、原则与程序以及信息化教学设计。第四章是体育核心素养导向下高校羽毛球教学要素设计，首先介绍体育核心素养导向下高校羽毛球教学设计的特征，然后全方位探讨体育核心素养导向下高校羽毛球的教学目标、教学内容、教学方法、教学模式、教学评价等教学要素的设计，最后以正手击高远球为例，分析其教学设计方法。第五章是高校羽毛球教学现状与改革创新，首先分析高校羽毛球教学的现状与问题，然后从教学现状出发，重点针对羽毛球的教学内容、教学方法、教学模式以及教学质量评价的优化改革与创新展开详细研究。第六章着重探索体育核心素养导向下高校羽毛球教学的创新发展路径，在分析体育核心素养视角下高校羽毛球教学创新发展的背景之后，围绕运动能力、健康行为和体育精神三个维度提出加强实践教学、坚持健康第一、融入课程思政等创新路径和策略。

  总体上，本书主要研究体育核心素养导向下的高校羽毛球教学设计与创新发展，首先分析体育核心素养的内涵及其导向下的高校体育教育发展。其次探讨大学生体育核心素养的培养现状与方法。再次对高校羽毛球教学设计理论、体育核心素养下的羽毛球教学要素设计进行深入研究。最后对高校羽毛球教学的现状、革新以及在体育核心素养导向下的创新发展路径进行分析与探索。整体而言，本书主题鲜明、结构清晰、逻辑严谨、层次清晰、内容丰富，系统性较强，能够为高校羽毛球教学设计、教学发展及培养大学生的体育核心素养提供科学的理论指导与方法参考。

  本书还具有一定的时代性与创新性。体育核心素养是我国近年来提出的新课程理念，在这一课程理念下进行研究，能够进一步明确高校羽毛球课程建设的未来方向，积极响应时代号角，培养全面发展的大学生人才。此外，本书分别从常规视角和体育核心素养视角对高校羽毛球教学创新进行了研究，提出了切实可行的改革与创新策略，既对改善羽毛球教学现状、提升羽毛球教学质量具有现实意义，又对进一步传播与渗透体育核心素养课程理念、完善体育核心素养培养体系具有创新意义。

  本书在撰写过程中参考并借鉴了很多专家、学者的研究成果，在此表示诚挚的感谢。由于作者水平有限，书中难免有不妥与疏漏之处，敬请广大读者批评指正。

高恒

2023年12月

目 录

第一章　体育核心素养与高校体育教育　　1

第一节　核心素养的概念与内涵　　2
第二节　体育核心素养的内涵　　9
第三节　核心素养与高校体育课程改革　　12
第四节　基于核心素养的高校体育教师专业发展　　17
第五节　体育学科核心素养下体育教育的展望　　19

第二章　大学生体育核心素养的科学培养　　23

第一节　大学生体育核心素养培养的价值体现　　24
第二节　大学生体育核心素养培养的现状分析　　26
第三节　大学生体育核心素养培养的影响因素　　31
第四节　大学生体育核心素养培养的策略　　34

第三章　高校羽毛球教学设计理论　　45

第一节　高校羽毛球教学理念　　46
第二节　高校羽毛球教学的原则　　48

　　　　第三节　高校羽毛球教学设计的理论基础　　　　54
　　　　第四节　高校羽毛球教学设计的原则与程序　　58
　　　　第五节　高校羽毛球信息化教学设计　　　　　72

第四章　体育核心素养导向下高校羽毛球教学要素设计　　93

　　　　第一节　体育核心素养导向下高校羽毛球教学设计的特征　　94
　　　　第二节　体育核心素养导向下高校羽毛球教学目标的设计　　100
　　　　第三节　体育核心素养导向下高校羽毛球教学内容的设计　　104
　　　　第四节　体育核心素养导向下高校羽毛球教学方法的设计　　106
　　　　第五节　体育核心素养导向下高校羽毛球教学模式的设计　　108
　　　　第六节　体育核心素养导向下高校羽毛球教学评价的设计　　110
　　　　第七节　体育核心素养导向下高校羽毛球教学设计案例
　　　　　　　　——以正手击高远球为例　　　　　　　　　　　117

第五章　高校羽毛球教学现状与改革创新　　125

　　　　第一节　高校羽毛球教学现状与问题　　　　　126
　　　　第二节　高校羽毛球教学内容优化改革　　　　131
　　　　第三节　高校羽毛球教学方法与改革　　　　　138
　　　　第四节　高校羽毛球教学模式与创新　　　　　146
　　　　第五节　高校羽毛球教学质量评价体系构建　　161

第六章　体育核心素养导向下高校羽毛球教学的创新发展　　165

　　　　第一节　体育核心素养导向下高校羽毛球教学创新发展的
　　　　　　　　背景分析　　　　　　　　　　　　　　　　　166

第二节	加强实践教学，提高运动能力	167
第三节	坚持健康第一，养成健康行为	181
第四节	融入课程思政，培育体育精神	188

参考文献   **205**

第一章

体育核心素养与高校体育教育

核心素养是时代发展对人的素质提出的新要求，以培养"全面发展的人"为目标。高校体育教育改革应以核心素养为引领，对教学目标、教学内容、教学方法和评价方式进行相应改革，以适应大学生全面发展的需要。具体来说，高校体育教学改革应以培养学生体育核心素养为目标，在教学内容上突出"健康第一"，在教学方法上注重"知行合一"，在评价方式上强调过程性评价和终结性评价的结合，为高校体育教育体系的健全与完善提供保障与支持。本章主要对体育核心素养与高校体育教育进行研究，内容主要包括核心素养的概念与内涵、体育核心素养的内涵、核心素养与高校体育课程改革、基于核心素养的高校体育教师专业发展以及体育学科核心素养下体育教育的展望。

第一节　核心素养的概念与内涵

一、核心素养概念提出的社会背景

要理解核心素养的内涵，首先要了解核心素养的概念是在什么样的社会背景下提出的。进入21世纪后，信息技术快速发展，进而被人们广泛应用，世界各国（地区）为了应对21世纪信息时代对教育教学提出的新的挑战，开始了对核心素养的研究。

互联网技术的兴起与推广运用，使21世纪人类社会工作特点发生了很大的变化。利用新知识、经济发展的核心聚焦，并通过创新思想和使用新技术来完成产品创新和世界贸易。当今社会，经济模式正快速向世界经济和知识型经济转换，社会人的知识、思想和技术成为经济发展的重点。机器取代了一些重复性、无须大脑思考的任务，从业者须从事计算机不能完成的有难度的工作，储备计算机不具有的能力，21世纪将这种能力称作人类所需要具备的素养。

此外，随着社会的不断进步和世界科技的不断创新，催生出各式各样丰富的产品，为了满足不同人群的各种需求，各种各样的职业应运而生，社会工作类型不断更新，新的职业环境不断改善。随着世界经济的发展和社会环境的变化，工作者的职业时常发生一些更换。对此，现代教育不仅要为不断出现的职业变化做好准备，还要为将来可能出现的新的职业做好铺垫，因此，当下以及未来一段时期内我国教育的目标就聚焦在培养学生一长多用的核心素养上。

另外，互联网通信技术和经济全球化使人的社会生活发生了剧烈变化。在信息时代，每个人都是数字公民。在全球范围内，人类的生活和工作不断融合，社会文化变得空前复杂和多元，如何解决不同地区人们的文化差异，如何在多元化的社会中相处、如何合作共赢、如何管理和化解人际冲突、如何应对新的机遇和挑战、如何在信息时代做合法公民，这些问题对现代教育教学提出了新的要求。

总之，在互联网信息时代，经济呈现出新的发展模式、职业呈现出新的需求、人们的生活不断变化，这些都对传统教育形式提出了新的改革的要求，在这种背景下，核心素养的概念就出现了。

2014年，教育部颁布了《关于全面深化课程改革 落实立德树人根本任务的意见》，在这项紧跟教育发展而推出的文件里，频繁地提及"核心素养"这一世界各国教育界所追踪的热点词汇，"核心素养"成为教育界的新宠，成为教育工作者最关注的词汇。课题组调查研究了国内外相关文献资料后发现，核心素养这一概念是在20世纪90年代首次提出，经合组织1997—2005年所展开的"素养的界定与遴选"，将核心素养作为社会人所应该具有的能力要素中的关键部分，这些部分应是居于核心地位的素养。[1]不同时期的学者都不断围绕着人应该具备怎样的核心素养进行了全面、深入的讨论。

二、核心素养的概念

核心素养的概念是建立在素养基础之上的，顾名思义，即素养中最为核心的素养。我国一些学者对核心素养概念的界定提出了自己的观点，下面列举几个具有代表性的观点。

柳夕浪指出，"如果说素养是基本生活之所需的话，那么，核心素养则为优质生活之所需，它强调不同学习领域、不同情境中都不可或缺的共同底线要求，是关键的、必要的，也是重要的素养，试图将核心素养与由核心素养衍生出来的其他素养区别开来。核心素养是少而精的。"[2]

张华先定义了素养，然后在此基础上界定了核心素养，他指出，"素养是人在特定情境中综合运用知识、技能和态度解决问题的高级能力与人性能力。核心素养亦称'21世纪素养'，是人适应信息时代和知识社会的需要，

---

[1] 万海波，李恒，王茹.高校体育与学生发展核心素养研究[M].北京：人民日报出版社，2021：10.
[2] 柳夕浪.从"素质"到"核心素养"——关于"培养什么样的人"的进一步追问[J].教育科学研究，2014（3）：5-11.

是解决复杂问题和适应不可预测情境的高级能力与人性能力。核心素养是对农业和工业时代'基本技能'的发展与超越，其核心是创造性思维能力和复杂交往能力。"[1]

褚宏启指出，可以把核心素养简单界定为：为了适应21世纪的社会变革，人所应该具备的关键素养。简言之，核心素养即"21世纪关键素养"。[2]

石鸥指出，"核心素养是每个人发展与完善自我、融入社会及胜任工作所必需的基础性素养，是适应个人终生发展和社会发展所需要的必备品格与关键能力，是个体应具有的起基础和支撑作用的素养。"[3]

虽然我国教育学界不同学者对核心素养的概念有不同的界定方式，但简单而言，都认为核心素养是人类所应该具备的素养中最核心、最关键、最重要的那部分素养。人要在社会上生活，就应该具备很多素养，这是基础和前提，有些素养对人类生活而言是很重要的，但有些素养相对是次要的，核心素养指的就是那些人类生活中更加重要的素养，如果缺乏核心素养，必定会严重影响人类生活质量。

三、核心素养的内涵

国际上将核心素养看作一个整合的概念，即是一个包含了多个方面的综合体，但不同国家对核心素养的内涵的界定并不统一。比如，美国的核心素养主要是指所有学生或工作者都必须具备的能力，其发展目的在于培养具有21世纪工作技能及核心竞争力的人；英国的核心素养是指为了适应将来的生活，年轻人需要具备的关键技能，以及学习、工作和生活所需的资质；法国的核心素养认为一个人的职业能力与知识、技能和社交能力三个方面密不可

---

[1] 张华.论核心素养的内涵[J].全球教育展望，2016，45（4）：10–24.
[2] 褚宏启.核心素养的概念与本质[J].华东师范大学学报（教育科学版），2016（1）：1–3.
[3] 石鸥.核心素养的课程与教学价值[J].华东师范大学学报（教育科学版），2016（1）：9–11.

分，反映了学习的动态过程，知识的积累与传递过程；澳大利亚的核心素养是指为有效参与发展中的工作形态与工作组织所必要的能力；德国的核心素养是指那些与特定的专业技能不直接相关的知识、能力和技能，是在各种不同场合和职责情况下做出判断选择的能力，是职业生涯中不可预见的各种变化的能力。

由此可见，要对核心素养的内涵进行准确界定并非易事，这与各个国家对个体应该具备的素质的理解、人力资源状况、经济发展状况等多个方面密切相关，在某种程度上具有各自的特性。但无论如何去理解核心素养，核心素养所代表的都是那些最关键的、必要的、重要的、共同的特质，它不是一个单一的构成，而是一个复合体。在综合国际上多个国家或地区有关核心素养内涵界定的基础上，结合我国的实际情况，教育部对核心素养给予了明确界定，包含正确价值观、必备品格和关键能力三个方面。

（一）正确价值观

价值观是人们关于价值的根本观点、根本看法，反映客观事物对于人的意义或价值，是人们基于生存、享受和发展的需要对某类事物的价值以及普遍价值的根本看法，是人们所持有的关于如何区分好与坏、对与错、符合与违背意愿的总体观念，是关于应该做什么和不应该做什么的基本见解，具体包括价值内容、价值规范和价值理想三个方面。

正确的价值观，是指人们所持有的价值内容、价值规范和价值理想的正面、积极向上，以及符合事实、规律、道理或某种公认的标准。

（二）必备品格

品格是一个宽泛的概念，不同学科对品格定义的侧重点不一样。哲学家认为品格是"普遍确认的那些美德的和谐统一体"[1]，心理学家认为品格"一

---

[1] 袁桂林.当代西方道德教育理论[M].福州:福建教育出版社，1995：12.

般指人对现实的态度和行为方式中比较稳定的、具有核心意义的个性心理特征"[1]，教育学家认为品格是指"采取与道德相关的行为和发表某些与道德相关的言语，或者说是不采取某些行为或发表某些言语"[2]。综合各学科的观点，本书认为品格是个体在与外界互动的过程中体现出来的一种正面向上的稳定特征或表现。

（三）关键能力

能力是完成一项目标或者任务所体现出来的综合素质。关键能力也称"核心能力"，它是指一种普通的、可迁移的、对劳动者的未来发展起关键性作用的能力，关键能力不会随着岗位的消亡而消亡，在一定程度上其最终融合发展成为劳动者的基本素质。[3]对于不同行业的从业人员而言，他们的关键能力有所区别。但某一类职业从业者的关键能力基本上一样，体现了该行业对从业者的共同要求。

三、学生发展核心素养

学生发展核心素养是核心素养的下位概念，主要是指学生应具备的、能够适应终身发展和社会发展需要的必备品格和关键能力。[4]对于学生而言，先后要经历学前教育、基础教育、高等教育等几个阶段，在漫长的学校教育过程中，他们所接受的培养整体上比较类似，只是不同学段的侧重点不同而已。基于此，学生发展核心素养主要是学生在接受学校教育的时期应该具备的那些最关键、最重要的素养。我国学生发展核心素养，以"全面发展的

---

[1] 朱智贤.心理学大辞典[M].北京：北京师范大学出版社，1989：7.
[2] 潘建芬.体育教师核心素养论[M].北京：北京体育大学出版社，2018：34.
[3] 王晓望.试析关键能力[J].中国培训，2004（7）：24-25.
[4] 赵惠.新时代背景下体育学科核心素养的内涵及构建路径研究[M].长春：东北师范大学出版社，2020：55.

人"为核心，分为文化基础，自主发展、社会参与三个方面，综合表现为人文底蕴、科学精神、学会学习、健康生活、责任担当、实践创新六大素养，具体结构和要点如图1-1所示。

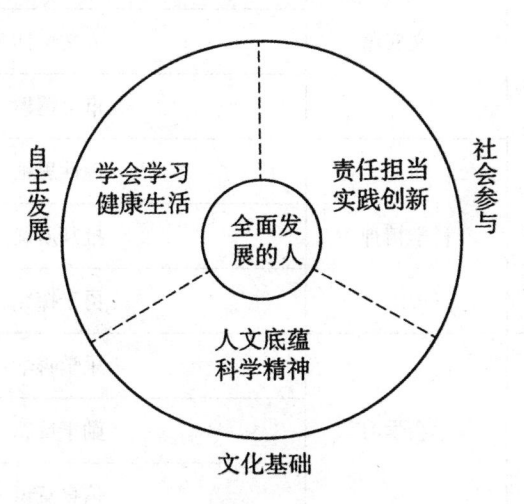

图1-1　学生发展核心素养结构体系[①]

图1-1所示的学生发展核心素养结构体系中，文化基础、自主发展和社会参与是基本结构要素，每个要素又各自包含具体的丰富要素，具体见表1-1。

[①] 尹志华.体育学科核心素养的解构与阐释[M].上海：华东师范大学出版社，2021：15.

表1-1 学生发展核心素养结构体系[1]

组成	内涵	具体要素
文化基础	人文底蕴	人文积淀
		人文情怀
		审美情趣
	科学精神	理性思维
		批判质疑
		勇于探究
自主发展	学会学习	乐学善学
		勤于反思
		信息意识
	健康生活	珍爱生命
		健全人格
		自我管理
社会参与	责任担当	社会责任
		国家认同
		国际理解
	实践创新	劳动意识
		问题解决
		技术应用

---

[1] 董翠香，田来，杨清风.核心素养导向的体育与健康教学设计[M].上海：上海教育出版社，2020：9.

第二节 体育核心素养的内涵

一、体育核心素养的相关概念

（一）体育核心素养

体育核心素养的对象是全体公民，它指的是个体通过不同形式的体育学习，掌握运动项目和体育知识，将体育锻炼融入实际生活中，达到增强体质、增进健康的目的，最终实现人的终身幸福。体育核心素养体系应包括三大指标，即体质和健康、体育技能、体育社会情感。[1]

（二）学科核心素养

学科核心素养是核心素养在特定学科的具体化，是学生学习一门学科之后所形成的、具有学科特点的成就，是学科育人价值的集中体现。学科是学校教育教学的根本依托，教育改革理念和目标都必须落实到学科层面。相应地，核心素养也要分解和体现到学科核心素养中，如果说核心素养是培养目标的具体化，那么学科核心素养就是核心素养的具体化。学科核心素养是学科教育的灵魂，只有抓住学科核心素养，才能正确引领学科教育的深化改革，全面发挥学科的育人功能。

（三）体育学科核心素养

体育作为学校教育领域的一门学科，同样是学校育人体系的重要组成部

---

[1] 万海波，李恒，王茹.高校体育与学生发展核心素养研究[M].北京：人民日报出版社，2021：21.

分。体育学科核心素养将核心素养与体育学科教育有机结合，将核心素养在体育学科教学领域具体化，将核心素养的育人功能在学科课程延伸，并带有体育学科教学领域的独有特色。体育学科核心素养的对象是学生。体育学科核心素养是学生通过体育学科学习，掌握与形成的终身体育锻炼和全面发展必备的素养。

二、体育核心素养的内涵

本书所说的体育核心素养偏向于体育学科核心素养，主要包括运动能力、健康行为和体育品德三个方面的内容（表1-2）。

表1-2　体育核心素养结构体系[①]

素养维度	素养解释	素养内容	素养表现
运动能力	运动能力是体能、技术能力和认知能力等在身体活动中的综合表现，是人体活动的基础	提高认知	（1）能够运用所学知识分析和解决运动中遇到的问题； （2）了解运动项目的裁判知识与规则，学会欣赏体育比赛
		运用技能	（1）能够展示所学运动技能； （2）能在比赛中运用运动技能
		发展体能	（1）能够制订和实施体能锻炼计划，并作出合理评价； （2）体重适宜、体格强健、体态优美、体力充沛

---

① 董翠香，田来，杨清风.核心素养导向的体育与健康教学设计[M].上海：上海教育出版社，2020：10-11.

续表1-2

素养维度	素养解释	素养内容	素养表现
健康行为	健康行为是个人生存和发展的前提和基础，具体素养内容包括锻炼习惯、情绪调控和适应能力三方面	锻炼习惯	（1）能够积极参与体育学习和课外体育活动； （2）掌握科学锻炼方法，能够对自我和他人进行健康管理
		情绪调控	（1）能在运动、学习、生活中保持稳定的情绪； （2）面对困难和挫折时能有效调控自己的情绪
		适应能力	（1）能够适应自然环境的变化； （2）人际关系融洽，善于交往与合作
体育品德	体育品德是指在体育运动中应当遵循的行为规范以及形成的价值追求和精神风貌，对维护体育规范、树立良好的体育风尚具有积极作用	体育精神	（1）自尊自信； （2）勇敢顽强； （3）积极进取； （4）追求卓越
		体育道德	（1）遵守规则； （2）友好团结； （3）诚信自律； （4）公平正义
		体育品格	（1）文明礼貌； （2）相互尊重； （3）团队合作； （4）社会责任感

第三节　核心素养与高校体育课程改革

一、核心素养对高校体育课程改革的意义

（一）建构了体育课程育人的专业话语

随着高校体育课程的不断改革，体育课程目标也不断多元，目标体系越来越健全，维度越来越丰富，除了知识领域和技能领域的目标外，还覆盖了其他一些领域的目标，如运动参与、健康促进、价值情感等，但相对来说各领域的目标还是比较割裂的，没有从系统、整体的角度去整合各领域、各维度的目标，导致无法培养"完整的人"。核心素养的提出对高校体育课程改革提出了新的要求，使体育课程改革迫在眉睫，尤其是在育人方面的改革上更是势在必行。核心素养对学生的内在秉性提出了较高的要求，通过体育教学，要使学生具备能够成为"完整的人"的核心素养。核心素养的提出让教师对体育教育、体育课程建设进行反思，要求教师从"人"的角度深入思考，这也是"以人为本"教育思想的体现。体育核心素养导向下的体育课程在育人方面的价值更为突出。

在课程层面，体育学科所具有的独特的育人价值在体育核心体系结构中能够体现出来，在体育核心素养下进行高校体育课程改革，能够突破传统体育课程片面以传授知识和技能为主的局限，使体育教育真正突出育人的本质，回到育人的轨道上。

在社会层面，体育核心素养的提出使体育课程的健康促进价值、幸福指数提升价值、生命质量提升价值等被越来越多的民众看到，能够使社会大众对体育课程的期盼得到满足和实现。

在个体层面，体育核心素养使学生清清楚楚地知道自己通过学习体育知识和技能，要变成什么样的人，要在今后的工作中发挥怎样的价值。

总之，体育核心素养的目标指向明晰之后，基于体育核心素养而确立的

体育课程目标，包括总目标、分目标、学段目标、单元目标、课时目标等，都清楚地说明了学生在不同阶段的学习中要成为什么样的人，这样体育课程育人的专业话语就形成了，而且话语体系逐渐规范一致，以往目标层面的知识技能中心观也得到了纠正，体育课程真正走向育人的正确轨道。

（二）提供了更具教育性的体育课程评价

传统体育教学评价以定量评价为主，比如丈量学生跳的距离、高度，测试学生跑的速度，统计学生投篮或射门的命中次数等。事实上，即使学生在这些量化评价中拿到了好的成绩，也不能完全说明他们的运动能力确实强，不能说明他们已经具备了通过体育运动来提升自己健康水平的能力，更不能由此判断学生的体育品德情况。可见，学生在体育课程中掌握了知识和技能，并不代表体育核心素养就形成了。

传统的体育课程教学评价并不能充分显示体育学科的教育性，评价指向的知识与技能是冷冰冰的客观对象。随着高校体育课程的不断改革，高校体育教学评价的方向开始发生转变，逐渐对评价学生的能力给予了关注和重视。但各个维度的评价也基本处于相对割裂的状态。核心素养的提出要求体育课程教学评价要将体育学科的教育性充分彰显出来，要求整体测评学生的体育核心素养，整体测评超越了传统的单独理论测评和技能测评，也超越了传统评价中对学生运动表现的过分关注，通过整体测评，可以真真切切地发现学生通过体育课程学习而成了一个什么样的人，是否形成了核心素养，从而知晓体育教学是否达成了育人目标。

二、核心素养引领下高校体育课程改革的思路

（一）明确教学目标，促进学生个性发展

高校体育课程教学一直以来都将提升学生的身体素质和运动技能水平作

为主要教学目标，但在核心素养导向下，要围绕学生应该具备的体育核心素养进一步健全与完善教学目标体系，通过教学改革争取实现体育核心素养所包含的三个维度的培养目标，促进学生全面发展。

1.设定教学目标应注重学生个性发展

当代教育理念中，"以人为本"居于核心地位。在该理念下进行高校体育教学改革，要牢牢树立"健康第一"的指导思想，重视学生个性发展，在继续培养学生运动技能的基础上，加强培养学生的健康意识、健康行为能力和体育品德，同时也要在课程目标体系中纳入社会适应能力培养目标，促进学生的社会化转变。

2.在教学过程中激发学生学习兴趣和主动性

在高校体育教学中，体育教师要充分认识到学生的身心发展规律，并观察和总结学生的个体差异，了解不同学生的兴趣爱好，从而在课堂教学中有意识地调动不同学生的学习兴趣，满足不同学生的兴趣需要，实现不同学生的个性发展。此外，课外体育活动丰富多样，也是培养与提升学生运动兴趣的重要路径，体育教师要将课堂教学与课外活动结合起来，共同激发学生的学习积极性、运动主动性和实践创新性。

（二）以知识为基础，促进学生创新精神和实践能力的发展

体育教学具有系统性，在该系统的运作中，一定要以知识为基础。体育教学的基本目标是使学生健康成长、掌握知识和技能。只有实现了这一基本目标，才能进一步培养学生的健康行为能力，使学生形成健康生活方式。以知识为基础，要求在体育教学中加强知识与技能的传授，教师讲解知识要精练，传授技能时要给学生留下充足的练习时间，从而提高课堂教学效率，使学生在有限的体育课堂上掌握主要知识和技能。

在体育教学实践中，学生在教师的引导下掌握基础知识，熟练运用基本技能，同时也要学会将所学知识运用到实践中去解决现实问题，提升自己解决问题的实践能力。培养学生解决问题的实践能力、知识运用的能力也是体

育教师在课堂教学中要重点实现的目标，从而在基本的知识与技能目标基础上实现进一步的深化与升华。

体育教师还应在体育教学中将体育教学资源充分利用起来，不断进行教学方法与手段的创新，如采用多媒体教学法、小组合作教学法、翻转课堂教学法等多种创新性教学方法来培养学生的创新思维和创新能力。在实施多种教学方法时，一定要贯彻因材施教的原则，对运动基础好和运动基础较差的学生采用不同的教学方法，对身体素质强和体质较差的学生也要分别采用不同的教学方式，在教学中培养不同水平学生的自主学习能力、主动探索能力和积极创新能力，使学生学会学习，从而不断提升自己的综合素养。

（三）以运动为核心，促进学生健康意识与行为习惯的养成

在核心素养视角下进行体育课程改革，还要以运动为核心，对运动与健康的关系及重要性予以强调，增强学生的健康意识，引导学生养成良好的健康行为习惯。

1.立足于运动能力提升，强化体育课堂教学

不同学生的运动能力有一定的差异，体育教师要立足实际情况对相应的教学方法进行设计、选择和实施，突出体育教学的针对性。有的学生运动能力较强，则应加强专项素质训练和专项技能提升，有的学生运动能力相对较差，所以应加强一般身体素质练习和基本技战术的学习，提高基本运动能力和技能水平。体育课堂教学是提升学生运动能力的主阵地，因此要充分发挥体育课堂教学在提升学生运动能力方面的重要作用。

2.树立终身体育观念，增强学生参与体育运动的积极性

高校体育课程应将运动技能教学作为培养学生终身锻炼意识和习惯的重要手段。教师应根据学生不同层次、不同爱好、不同需求为学生安排适合其发展需要和兴趣爱好的运动项目，使学生能够自主选择喜欢的运动项目进行锻炼。同时，在教学过程中要加强对学生运动技能掌握情况的评价与考核，增强学生对终身体育锻炼重要性和必要性的认识。

（四）注重教师队伍建设，加大师资培训力度

教师是教育改革的主力军，教师队伍建设是体育课程改革的根本保证。要想促进体育课程改革，就必须培养一批具有核心素养的体育教师。要提升高校体育教师的教学水平和教学质量，应注重以下几个方面的问题。

首先，要提高高校体育教师对体育教学规律和学生成长规律的认识水平，积极探索适合大学生发展的教学模式，改变传统单一的教学方法，为学生提供更多选择空间。

其次，要提升高校体育教师对学生发展核心素养的认识，树立以学生为本的教育理念。在此基础上，加大高校体育教师培训力度，为提高教师专业素质和教育水平提供有效途径。

最后，要完善高校教师考核制度，提高高校体育教师工作积极性和主动性，进而提高高校体育课程改革水平。

（五）加强制度建设，构建"学练赛"一体化的教学体系

基于核心素养的体育教学，必须改变以往单一的教学模式，建立以学生为中心，以能力培养为导向的"学练赛"一体化的教学体系，真正体现以学生发展为本。"学练赛"一体化的教学体系应该是：通过激发学生兴趣，以能力培养为导向，学生在掌握知识技能的基础上，通过实战练习和比赛来掌握运动技能；在实战练习中提高身体素质和运动技能；在实战练习中掌握健康知识和行为习惯。"学练赛"一体化的教学体系，既能提高学生对运动技能的学习兴趣，也能培养学生终身体育意识，提升学生在身体健康、心理健康、社会适应能力等方面的综合素养。

要把"学练赛"一体化的教学体系融入体育课程改革中，在体育课上加强"学练赛"一体化教学体系建设。体育课上要开设"学练赛"一体化教学模块，比如"学练赛"一体化模块包括：体能训练、技能训练、战术训练和素质拓展等内容；在体育课上开展"学练赛"一体化教学，要以培养学生的核心素养为导向，坚持因材施教原则。这样才能使课程内容与学生个体发展需求相一致，切实提高学生在体育课上的主体地位。

第四节　基于核心素养的高校体育教师专业发展

一、构建体育教师核心素养框架

在体育核心素养视域下，高校体育教师除了要保持传统的专业角色，还应进一步形成教师核心素养，包括更新专业知识的能力、体育课程实施能力、教学反思能力、创新能力等。体育教师核心素养的价值取向取决于体育教学工作和个人的成功生活。教师核心素养包含五个维度，分别是职业信念、专业知识与能力、运动技能、反思与自我发展、工作与生活管理。在实践中应从这五个维度出发培养体育教师的核心素养，促进体育教师的专业发展。[1]

二、提升教学能力，培养反思意识

体育学科有自己的特性，它以增进学生身心健康为目的，以体育知识和运动技能为载体，通过体育课程学习养成适合社会发展的必备品格和能力。而且体育课程具有空间开放、形式多样、评价多元化的特点，是一门养成教育类实践性课程。在体育核心素养背景下，高校体育教师应充分挖掘在运动知识和技能中所蕴含的体育深意，如体育精神、体育道德等，并将通识类的教育教学理论和实践知识穿插和编排在体育学科中，这是高校体育教师区别于其他学科教师的教学能力。

教师作为教学理论素养与专业敏锐性的综合体，随着对体育核心素养理

---

[1] 潘建芬.体育教师核心素养论[M].北京：北京体育大学出版社，2018：40.

解的加深，对体育教学实践过程的反思，使之成为一种习惯，进而进行教学方式、方法的转变与创新，保证自身体育专业知识结构持续更新，教学水平不断提升。

三、增强高校体育教师的探究能力

在核心素养导向教育时代，高校体育教师担负着培育德、智、体、美、劳全面发展的新时代人才的重任，高校体育教师需要接受以核心素养为导向的教师教育。一般来说，高校体育教师核心素养的形成分为三个阶段：

第一，参与培训，初步认知。通过参与培训或者研修，高校体育教师要形成初步认知，明确核心素养体系的理念、结构及培育方法，使核心素养理念内化到自己的实际教学行为中。

第二，主体反思，认知加工。就是在专业机构和制度不完善的状况下，通过自身专业知识的学习，对体育学科核心素养进行探究和解读，通过对体育教学实践的主体反思，在个人教学理念与教学经历的基础上，对体育学科核心素养进一步思考和理性分析，如何利用体育学科的特点和专项技能进行体育学科核心素养的培育，从而形成体育学科核心素养的主体反思精神。

第三，教学实践阶段。高校体育教师通过将体育学科核心素养内化，通过体育教学实践落实体育学科核心素养的阶段。高校体育教师通过对体育学科核心素养进行探究和自我解读，通过教师共同体的共同参与，充分把握体育学科核心素养的内涵。

高校体育教学改革中采用行之有效的策略，如教师角色积极转变、体育深度教学、支架式体育教学模式、创设体育教学环境等，将核心素养落实到体育教学实践中，建立起培育学生体育学科核心素养的有效路径。

第五节　体育学科核心素养下体育教育的展望

一、体育学科核心素养下体育教育内容的展望

（一）要坚持"目标引领课程内容"的基本原则

在体育教育内容层面，要进一步强化课程目标对内容的引领作用，将核心素养一以贯之地落实下去。课程目标是连接核心素养和具体课程内容之间的桥梁，起着承上启下的作用。体育课程改革要确立"目标引领内容"的思想，改变过去"内容中心观"的思想，改变上体育课是为了"教内容"的思维，要从课程目标或学习目标的角度出发去选择和编制课程内容，以促进目标的达成。这既可以从宏观上规范、指导体育教学，又能够给各校留有较大的选择余地和广阔的发展空间。

不管选择什么内容，都要指向学习目标。目标统领内容，可以充分调动各地、各校的积极性和创造性。基于此，未来将更加强调教育内容对课程目标和核心素养的达成效应，不能有效培养学生学科核心素养的内容将被淘汰。

（二）要构建指向核心素养的体育课程内容体系

"目标引领课程内容"使课程标准突破了传统体育教学大纲的"内容中心观"，这便导致课程标准中的课程内容不再像以往教学大纲中的课程内容那样事无巨细，更多是一种指向目标的内容表达。基于此，体育教师要学会构建指向核心素养的体育课程内容体系。体育教师要深入领会体育学科核心素养的要求，从基本知识与技能、技战术运用、专项体能与一般体能、展示

与比赛、规则与裁判方法、观赏与评价这六个方面构建不同运动项目的课程内容体系，从而以此为基础做好下一步的教学计划设计。

二、体育学科核心素养下体育教育实施的展望

（一）设计好教学计划

体育教学计划体现了对未来一段时间内体育教学的综合思考和基本设计，设计体育教学计划必须先深入理解课程标准精神，充分了解教学对象的情况，正确把握学校实际教学条件，从而对科学合理的、可行有效的教学计划进行设计，教学计划必须能够指导体育教师做好教学过程实施活动，并且要充分将课程标准和实践教学连接起来，作为二者的纽带发挥指导作用。

设计体育教学计划还必须以立德树人的根本任务为指向，从而对学生的体育核心素养进行培养。如果能够设计出较为完整的、符合实际情况的科学教学计划，那么体育教学实践效果就有可能事半功倍。体育教师要贯穿体育核心素养这一主线来设计体育教学计划，将培养学生的体育核心素养作为体育教学设计的出发点和体育教学实施的落脚点，以体育核心素养为纲来明确教学目标、安排教学内容、把握教学重难点、实施教学方法、开展教学评价，在体育教学计划中将这些教学要素一一设计到位，使每个教学环节都能体现出体育核心素养的要求。

（二）要形成教学实施的"大课程观"

在指向核心素养的体育教学实施中，应该要从广泛培养学生的体育核心素养的角度出发，落实教学实施的"大课程观"。在这一过程中要做好以下两方面的工作。

第一，要注重从学生日常经验和社会生活出发，关注与体育学科内容相关联的重要的、整合的现象，创设基于现实的复杂或开放性情境，建立与学

生当前运动经验紧密对接、在复杂程度上逐渐提升和演变的活动单元,为课程实施提供系统化的整合性载体。

第二,要突破"课程实施仅限于课堂教学",注重学校体育社团、体育运动协会、体育俱乐部、体育赛事、学校体育日等的开展,将课程实施的范围进行拓展,构建"大课程观"实施格局。

(三)开发利用更多的实施载体

为了更好地培养学生的体育核心素养,在体育教学中要加强对多种多样的课程实施载体的开发和利用。在课堂教学中要开发丰富的体育课程模式,如运动教育课程模式、俱乐部课程模式、线上线下混合课程模式、翻转课堂模式、户外教育课程模式等,在体育核心素养的导向下实施这些课程模式,促进体育核心素养培育目标的实现。

除了要开发课堂教学模式外,还要在课外寻找更加丰富有趣的教学实施载体,如开展丰富多彩的课外体育活动,包括体育社团活动、体育俱乐部活动等,举办校园体育文化节,举办校运会,等等。充分发挥各种活动的积极作用,使学生在参加这些活动的过程中强化运动锻炼的兴趣,形成体育核心素养。

三、体育学科核心素养下体育教材编写的展望

(一)教材编写的指导思想聚焦体育学科核心素养

体育学科核心素养的构建高度契合了国家的相关精神,甚至可以说体育学科核心素养本身就是对国家政策文件的落实。因此,在未来的体育教材编写过程中,要始终坚持以习近平新时代中国特色社会主义思想为指导,深入贯彻党的十八大、党的十九大精神和全国教育大会精神,全面贯彻党的教育方针,落实立德树人根本任务。如果在体育教材编写中渗透了这些精神的要

求,就意味着在指导思想上聚焦了体育学科核心素养。

(二)精选有利于培育体育学科核心素养的内容

要将适合中国国情的先进教育思想和理论、体育观念和健康教育观念融入其中,重视学生体能的发展,促进中华优秀传统体育文化和新兴体育类运动项目的有机结合,关注与学生成长紧密相关的健康知识和技能的传授,精选能适应时代要求的、有利于学生健康发展和体育学科核心素养培育的体育与健康基础知识、基本技能和方法作为教材内容。换句话说,只要是有助于达成体育学科核心素养培养的内容,都可以纳入教材中;无助于达成体育学科核心素养的内容,即使在学科内容体系中占据很重要的位置,也应该舍弃。

(三)构建以问题解决为导向的体育教材呈现方式

除了要吸引学生阅读和学习思考之外,关键在于构建以问题解决为导向的体育教材呈现方式。体育学科核心素养的培养,重在强调学生在解决复杂问题的过程中形成正确价值观、必备品格和关键能力。因此,今后的体育教材编写一定要打破以严密的学科内容体系构建为中心的编写思路,要从问题解决的角度出发,高度重视丰富多彩的体育学习活动的设计,创设贴近学生实际的、复杂的体育学习情境,注重体育教材中的概念与概念、原理与原理、理论与实践之间的关联性,启发学生运用结构化的体育与健康科学知识和原理解决实际问题,从而指导学生进行体育锻炼与健康学习。

第二章 大学生体育核心素养的科学培养

培养大学生的体育核心素养是新时代高校体育教育改革的主要任务。在高校体育教学实践与改革过程中要将大学生体育核心素养的培养目标明确下来，围绕体育核心素养的培养目标进行教学改革，确立核心素养教育理念，对体育教学内容、方式进行优化创新，在体育教学中融入思政教育，从而培养全面发展的社会主义接班人，为社会输送更多优秀的综合型人才。本章重点对大学生体育核心素养的科学培养进行研究，首先阐述大学生体育学科核心素养培养的主要价值，然后分析大学生体育核心素养培养的现状和影响因素，最后提出大学生体育核心素养培养的有效策略。

第一节　大学生体育核心素养培养的价值体现

一、提升大学生综合素质的价值

将培养大学生的体育核心素养作为高校体育教学改革工作的一项任务，高度重视对大学生体育核心素养的培养，能够使大学生对体育运动有更加深入的认识，使其对体育相关知识与技能有更好的掌握，并形成良好的健康行为，塑造优良的道德品质，同时能够提升大学生的人格素养，这体现了培养大学生体育核心素养对提升大学生综合素质的现实意义。

在高校体育教学中，体育教师引导大学生对体育知识和运动技能加以学习并牢固掌握，使学生树立科学的体育学习理念，从而积极影响他们的体育学习行为，促进终身体育意识和行为的形成。随着对体育知识、技能的不断积累和熟练掌握，大学生对体育运动的认识会逐渐加深，积累量达到一定程度也会发生质变，在由少到多、由浅入深的学习过程中，学生的综合素质会潜移默化地提升，最终具备良好的综合素质。

二、促进大学生个性化发展的价值

学生在任何阶段都具有学习潜能，需要开发和挖掘，从而促进潜能的发挥。挖掘学生的学习潜能对促进学生的个性化发展具有重要意义。在高校体育教学中对大学生的体育核心素养进行科学有效的培养，能够将学生的学习潜能激发出来，从而实现个性化学习与发展。

作为体育教学过程的组织者和学生学习的引导者，体育教师要履行好自己的职责，从大学生的身心特点、体育学习兴趣出发进行针对性教学，优化设计教学过程，实施不同难度的教学内容，使大学生能够在自己感兴趣的体育项目中体验学习的快乐，并以积极的态度和顽强的意志应对学习中的困难与挑战，并形成自主探究学习的意识和习惯。

每个学生都有自己的长处和不足，体育教师要指导学生取长补短、扬长避短，提升学生的学习自信，对他们的独特学习个性进行培养，使学生在体育学习中将自己的个性特征、运动特长充分展现出来。

三、帮助大学生树立终身体育目标的价值

在高校体育教学中加强对大学生体育核心素养的培养，有助于调动大学生参与体育锻炼的自觉性和积极性，引导学生养成良好的运动习惯，促进大学生体质的增强和体育素养的提升。

当学生通过体育锻炼在增强体质、愉悦身心、提升社会适应能力、提高运动能力等方面取得积极的效果后，便会进一步加深对体育运动价值的认识，从而更加自觉地参与其中，树立终身体育目标，将体育锻炼作为自己生活的一部分，形成健康向上的体育爱好，并在运动实践中锻炼意志，提升社会适应能力，这将为大学生将来适应社会竞争环境、实现自我人生价值奠定良好的基础。

四、顺应新时代对大学生提出的新要求的价值

当前，社会人才市场竞争异常激烈，社会用人单位在人才选拔、招聘与考核中不仅将人才的专业水平作为主要考察指标，还对人才的综合素质给予了一定的关注和重视。通过综合考察来判断人才对岗位的胜任力，并预测人才的持续发展能力以及未来能够给企业带来的效益。为适应人才市场的竞争需要，顺应新时代社会发展对大学生提出的新要求，有必要在高校体育教学革新中对大学生的核心素养进行培养，促进大学生身体素质、团队协作能力、实践创新能力、解决问题能力的提升，使大学生成为适应新时代的综合型人才，为其将来在岗位上发挥专业优势、实现个人价值奠定基础。[1]

---

[1] 谭欣怡，余振东.高校体育教学中培养学生核心素养研究[J].健与美，2023（12）：120-122.

第二节 大学生体育核心素养培养的现状分析

一、运动能力培养现状

（一）培养内容

在大学生体育核心素养发展中，要将运动能力作为基础和前提，先培养大学生良好的运动能力，有助于为健康行为的形成和体育精神的塑造奠定基础。大学生的运动能力主要是指其参与体育活动的能力，包括体育健身锻炼能力、体育训练能力、体育比赛能力等。大学生的运动能力是大学生运动素质在体育活动中的综合体现，运动能力的高低与大学生的身体形态、身体素质、技能水平等直接相关。因此在大学生运动能力培养中，要重点加强对身体锻炼能力、体能以及运动技能的培养。

当前，高校普遍重视对大学生身体锻炼能力和运动技能的培养，但对体能的培养不够重视。良好的体能素质是大学生参与体育运动的基础条件，也是取得良好运动效果和预防运动损伤的基础保障。如果忽视培养大学生的体能，那么将会直接影响运动技能的培养效率和效果。因此，高校要重视对大学生体能的培养，将培养体能作为基础，并与身体锻炼能力、运动技能的培养有机结合。

在身体锻炼能力培养中，有些教师直接给学生布置练习任务，忽视了对大学生自主学习与运动能力的培养，这是需要引起注意的。教师应引导学生找到适合自己的锻炼方法，帮助学生制定个性化运动处方，提升大学生的自主锻炼能力，进而促进学生良好运动能力的形成。

总之，在大学生运动能力培养中，教师要全面设置培养内容，围绕体育核心素养培养目标，将体能培养、身体锻炼能力培养以及运动技能培养充分结合，并根据学生的兴趣爱好及实际情况适当延伸与拓展培养内容，促进大学运动能力的整体提升。

（二）培养途径

高校培养大学生运动能力的途径主要有以下几种。

（1）多数高校通过体育课教学对大学生的运动能力进行培养，这是主要培养途径。

（2）高校通过建立体育社团和体育俱乐部来培养大学生的运动能力也是主要途径之一，体育社团与体育俱乐部开展的体育活动比较丰富，能够使大学生在体育实践中提升运动能力。但体育社团与俱乐部的运作需要投入一定的资金，尤其是体育俱乐部，因此选择这一途径的高校和第一种途径相比明显较少。

（3）组建运动队、开展运动训练也是培养大学生运动能力的主要方式，但这一途径的培养对象只是少数大学生运动员。

（4）组织体育赛事，为学生提供实战机会，这也是高校培养大学生运动能力的方式之一。通过这一方式，也能够使大学生在实战中认识到自己运动能力欠缺的方面，从而有针对性地改进。

除上述几种比较常见的培养途径外，还有一些途径也会被少数高校采用，如举办体育节、开设体育夏（冬）令营等。

总体而言，高校培养大学生运动能力的途径比较多，但大多数还是主要依赖体育课教学这一途径。事实上，课外体育活动在培养大学生运动能力方面的价值不亚于体育课，因此高校应多开展丰富多彩的课外体育活动，鼓励学生积极参与自己感兴趣的体育活动，营造良好的校园体育活动氛围，使学生在充满趣味性、竞争性和集体性的各种体育活动中锻炼身体、增强运动能力、提升体育核心素养。

二、健康知识与行为培养现状

（一）体育与健康知识培养

1.培养内容

高校在体育与健康知识培养中，选取的内容主要涉及体育锻炼知识、体育基础知识、体育保健知识、运动损伤知识、运动安全知识等。其中，体育锻炼知识和体育基础知识出现的频率最高，这是体育与健康教育中最重要的理论教学内容。相对来说，侧重于预防的运动保健、运动安全和运动损伤等方面的知识出现的频率较低，有待进一步给予重视，加强这方面的教学。

在体育与健康知识培养中，所教内容要与实践活动有机结合，既要传授基本知识，又要有未雨绸缪的意识，加强对运动安全、运动损伤处理等方面的知识的传授，从而降低运动损伤发生率，保障学生的健康与安全，使学生充分体验与享受运动过程。

2.培养途径

大部分高校通过体育理论课教学来培养大学生的体育与健康知识。此外，体育宣传也能起到这方面的培养作用，但很多高校这方面的宣传力度不够，有待进一步加大宣传力度。也有高校通过开展校园体育文化节、举办体育知识演讲比赛、体育知识竞赛来普及体育与健康知识，这些形式虽然不像体育理论课教学那样可以直接传递知识信息，但是能够活跃校园体育氛围，给学生提供锻炼的机会，激发学生自主探索与学习的热情，使学生在良好的环境与氛围下潜移默化地接收信息，积累知识。

（二）健康行为培养

1. 培养内容

高校对大学生健康行为的培养主要是培养体育锻炼意识和运动习惯。大学生的体育锻炼意识对其体育运动行为有直接的影响，良好的运动行为又会使大学生形成良好的运动习惯。因此，在大学生健康行为培养中，对体育锻炼意识的激发与培养非常重要且必要。

高校普遍重视培养大学生的体育锻炼意识与行为习惯，但健康行为不仅包括有利于身体健康的行为，还包括有利于心理健康的行为，因此除了要培养体育锻炼意识与习惯外，还要培养大学生在运动中的情绪调节能力、应对挫折与失败的心理能力，防止学生因情绪发生极端变化而做出消极行为。此外，还要培养大学生的自信心和环境适应能力，为学生健康行为的持续保持打好基础。但是，目前很多体育教师忽视了对学生这些素质的培养，有待进一步重视和加强。

2. 培养途径

在大学生健康行为培养方面，高校普遍选择体育课教学、举办体育赛事、组织运动队训练等途径来进行。可见，体育课与课外体育活动在培养大学生健康行为中都发挥着举足轻重的作用。

三、体育精神培养现状

（一）培养内容

体育精神是体育品德的一部分，反映了大学生在体育运动中的行为规范、思想追求和彰显的精神风貌，因此高校体育教学在大学生体育精神培养中除了要培养体育精神外，还要培养体育道德和体育品格。

当前，以体育精神培养为主的体育教师居多，大学生参加体育运动，不仅需要具备基本身体素质，还要有耐力、有勇气、有自信心以及坚强的意志力，要勇于突破，敢于挑战，因此体育教师非常重视对大学生体育精神的培养。大学生良好体育精神的形成对进行体育学习、参与体育竞赛以及形成健康行为具有重要意义，而且能够潜移默化地影响大学生的日常学习、生活及将来的工作。[①]

高校也比较重视培养大学生的体育道德，如通过组织体育竞赛，使大学生做到公平竞争、遵守规则，养成良好的体育道德习惯，并使大学生将体育的思想道德品质充分体现在体育行为中。此外，对大学生体育品格进行培养的体育教师也比较多，如引导学生在体育比赛中尊重对手、尊重裁判、尊重观众，团结队友，言行举止要文明礼貌，责任感强，将团队利益和集体利益放在第一位。

总之，高校对大学生体育精神的培养内容是比较全面的，但相对来说对大学生体育品格的培养还不是特别重视，有待提高重视程度，使大学生的体育精神、体育道德和体育品格相辅相成、相互作用，整体提升大学生的体育核心素养。

（二）培养途径

高校培养大学生的体育精神、体育品格和体育道德，采取了许多途径，主要有以下三种。

（1）组织校园体育竞赛对大学生的体育精神进行培养。

（2）宣传体育运动的价值，号召大学生积极参与体育运动，从而对大学生的体育品德产生潜移默化的影响。

（3）部分高校重点通过体育课优化设计与教学改革来培养大学生的体育品德。

高校在培养大学生体育精神方面还需要进一步开辟新路径和新渠道，在

---

① 黄冉.郑州市高校大学生体育核心素养现状调查及提升路径研究[D].郑州：郑州大学，2022：47.

培养过程中以体育情感为引导,加大宣传力度,提供比赛机会,营造良好的校园体育环境和文化氛围,提供积极的硬件环境和软件环境支持,从而提升大学生体育精神培养效果。

第三节 大学生体育核心素养培养的影响因素

一、学校政策制度的影响

(一)学校的实施政策

教育部门制定了全面科学的教育政策,学校管理部门的重视程度和支持程度对教育政策的实施起到了关键作用,学校对教育部门出台的政策会有具体的执行方案,学校的执行方案是教师实施教学的依据。学校上到规章制度下到课堂教学条例,都要提供全面的支持。可见,学校对教育政策的实施在大学生体育核心素养培养中发挥着举足轻重的作用。

(二)体育课考核制度

高校体育课考核的内容主要是技术考核、出勤率、体质健康测试、理论考试,将学生学习态度、学习进度情况纳入考核指标的情况比较少。随着人才培养目标的变化,体育课考核制度也要改变,传统考核方式已经不适应对大学生体育核心素养的评价,会制约大学生体育核心素养的培养。高校要改变传统考核方式,从培养大学生体育核心素养的目标出发来修订考核指标体系、改革考核方式,完善考核制度。

二、学校体育环境的影响

（一）物质环境

体育场地、器材和设备是高校组织体育活动和学生参与体育锻炼的基本条件，体育硬件设施的匮乏会严重影响大学生体育核心素养的培养。因此，高校要创建良好的体育物质环境，为大学生体育核心素养的培养提供基础支持。

（二）人文环境

高校良好的人文环境是提高大学生体育核心素养的隐性因素，营造浓厚的体育人文环境，能够使学生在文化熏陶中感受体育锻炼带来的激情与活力。高校体育人文环境要与体育物质环境相辅相成，共同促进大学生体育核心素养的提高。

三、体育课程的影响

（一）体育教学的实施

在"核心素养"教育理念下，体育教学作为关键环节，对大学生体育核心素养的培养具有非常重要的影响。为使体育教学真正成为体育人文素养培养的关键环节，就要改变传统体育教学方式，提升体育教学质量。

在体育教学中培养大学生的体育核心素养还存在诸多问题，如培养目标不明确、内容不丰富、方法传统、评价单一等。对此，必须对体育教学体系中的各要素进行改革与优化，加大创新力度，提升体育教学质量，充分发挥体育教学培养与提升大学生体育人文素养的价值。

（二）体育课程的内容设置

学生是教学过程的主体，体育教师在选择教学内容时要重视学生的主体地位，要在培养大学生体育核心素养的目标引领下选择和设计教学内容，保证教学内容与教学目标的一致性和培养的全面性。

四、课外体育活动的影响

课外体育活动是体育课堂的延续与补充，是体育课程的衔接，对大学生体育核心素养的培养产生了重要的影响，是提升学生运动能力、培养学生健康行为习惯的关键因素。高校要重视体育课外体育活动的丰富性和多样性，为学生提供更多的课外活动机会，并在常规课外活动的基础上开展一些新兴活动，如体育俱乐部、体育夏（冬）令营和校外郊游活动，进一步调动学生的参与热情。[①]

五、教师专业素养的影响

（一）体育教师的认知情况

体育教师是培养大学生体育核心素养的主要实施者，体育教师对体育核心素养的了解程度直接影响培养效果。但对体育核心素养非常了解的体育教师并不多，大部分只是一般了解或基本了解。参加过体育核心素养相关内容培训的体育教师也较少，因为没有参加培训，所以认知水平较低，最终制约了对大学生体育核心素养的培养。

---

① 侯洁.大学生体育核心素养的培养策略研究[D].天津：天津体育学院，2020：36.

（二）体育教师的重视程度

在培养大学生体育核心素养这方面，体育教师还未高度重视起来，这与学校政策制度、教师认知等有一定的关系。正因为高校缺乏严格的执行制度和实施政策，再加上体育教师对学生核心素养缺乏正确、高度的认识，因此才不太重视培养大学生的体育核心素养，没有在体育教学中有意识地培养大学生的体育精神和健康行为习惯，最终制约了大学生体育核心素养的提升与发展。

第四节　大学生体育核心素养培养的策略

一、重视体育学科的育人价值

当前，各高校对体育学科的重视还有待提升。在高等教育和高校课程体系中，作为基础性课程的体育课程是不可或缺的一部分。体育学科虽然强调身体活动和参与实践，但在道德教育和思政教育方面同样具有自身的优势。体育学科的育人价值是独有的，是其他学科所不具备的。高校要充分认识到体育学科的育人价值，加强对大学生体育认知的培养，增强大学生的体育锻炼意识、健康生活意识，引导大学生树立正确的体育价值观念，并努力提升大学生的体育信息素养，培养大学生的终身体育理念和行为习惯，促进大学生体质的增强和体育核心素养的全面形成与发展。

二、分阶段进行培养

大学生的生理发育和心理发育都相对成熟和稳定，基本形成了比较固定的生活与学习习惯，这是大学生区别于小学生和中学生的特殊性。高校应从大学生的实际情况与个性特征出发制定体育核心素养的培养目标，具体可以分下列三个阶段来实施培养工作，每个阶段都有明确的培养目标。

（一）第一阶段

第一阶段是适应环境的阶段。本阶段重点对学生的体能和健康知识素养进行培养，辅以运动技能培养，并通过组织一些团体活动来培养学生的适应能力和体育锻炼习惯，使大学生快速适应大学校园环境。

（二）第二阶段

第二阶段是实践应用的阶段。本阶段重点对大学生在体育实践中解决问题的能力以及体育道德素养进行培养。

（三）第三阶段

第三阶段是交往减压的阶段。本阶段主要面向的是即将毕业的大学生，在体育核心素养培养中主要采取疏导的方式，引导学生自主锻炼，综合培养其运动能力和健康行为，使学生综合素质得到全面发展，从而更好地适应就业环境和社会生活环境。

三、加强校园体育文化建设，营造良好的氛围

良好的校园文化氛围在大学生体育核心素养的形成与发展中发挥着重要的作用，因而高校要特别重视校园体育文化建设，以此来提升大学生的健康水平、增强大学生的运动意识和运动能力、培养大学生的体育精神和健康行为。高校校园体育文化建设要从体育物质文化、体育制度文化和体育精神文化三个方面进行。

（一）校园体育物质文化建设

在高校校园体育文化体系中，体育物质文化是基础，在体育物质文化建设过程中要坚持贯彻与时俱进的原则，以充足与完备的体育物质资源来满足大学生的体育锻炼需求，满足体育课实施的需求。这就要求在体育物质文化建设中加大资金投入力度，提供基础保障。高校校园体育物质文化建设存在资金来源单一的问题，即主要源于政府财政拨款，既然资金来源渠道少，经费有限，就必须在现实情况下做好预算和规划，客观分析与预测，统筹安排资金的用途。高校体育管理者要做好校园体育物质文化建设的顶层设计工作，立足长远，突出特色，保证体育基础设施的新建、维修、开发使用等都能有序进行，并预留一部分资金以备不时之需。

具体可以从下列几方面来解决资金问题。

第一，政府部门通过下发文件、宣传体育精神来提升高校领导对高校体育文化建设的关注度，并给予资金支持。

第二，面向社会筹集资金，如社会体育组织、企业、社会基金会等。高校也可以举办体育商业活动，提升造血功能，拉动赞助。

第三，整合高校周边公共资源，将校外资源用于校内活动中，以节约新建场地设施的经费。

（二）校园体育制度文化建设

高校体育文化系统的正常运行离不开高校体育制度文化的支持和保障，高校领导要明确高校体育的发展目标，立足实际需求，统筹规划和建设校园体育文化，建立健全适合本校实际的管理机制，保障体育文化活动的正常开展。

在信息化时代，人们的生活已经离不开网络，网络成为社会生活的重要组成部分。信息网络技术在高校教育中的渗透也非常深入，校园网络建设这项重要内容已被纳入高校校园文化建设体系中。在高校体育文化体系的构建中同样要重视体育网络文化建设，使高校师生所享有的网络信息服务更便捷、有效。高校应将信息化网络技术充分运用起来，在校园各个方面和角落全面推进数字化校园建设，对校园体育网站进行建设，为师生享受高校体育文化建设成果而提供便捷式服务。为了促进大学生体育文化生活的丰富，还应该依托高校网络资源而对具有高校特色的体育健身、体育康复、体育赛事等栏目进行创建。

大学生在日常学习和生活中对网络的使用极为频繁，网络文化给大学生带来了非常大的影响。高校应利用网络文化普及这一优势而将网络资源运用到高校日常管理中，包括日常体育管理，建立体育网络管理机制，制定相关管理制度，并在高校体育工作的年终考核中确定体育网络管理成果这项考核指标，在考核过程中对网络信息的筛选和过滤都必须严格把关，禁止出现不良网络信息内容，通过网络监管而对大学生使用网络的动态有所把握。

在高校体育网络监督制度的运行中，为了确保各项制度的顺利落实，有必要设立专门的体育文化网络监管部门，以便更好地依托网络平台而提高监督与管理的力度。由于网络环境较为复杂、混乱，网络平台上常常出现一些不良言论，对此，体育网络监管部门应加强管理，正确引导大学生利用网络平台来获取体育相关信息，并加强网络健康教育，共同维护网络文明环境，避免大学生受到不良网络环境的影响。

高校体育文化网络监管部门的工作既要有体育专业人员的参与，又要有信息技术专业人员的参与，同时也要鼓励大学生监督该部门的工作，保证监督管理的民主化，提高管理实效。

（三）校园体育精神文化建设

1.坚持正确的指导思想

无论高校体育文化的发展如何丰富和多元，都必须在科学而先进的思想指导下进行建设，不能超出新时代正确指导思想的范畴，更不能与正确的思想相违背。因此在新时期进行高校体育精神文化建设，必须坚持习近平新时代中国特色社会主义思想的科学指导。

在新的历史时期，高校办学和高校校园文化建设旨在培养全方面发展的优秀大学人才，使青年大学生拥有强烈的民族使命感、民族自豪感和民族责任感。高校校园文化的时代特征表现为开放性、多元性，高校校园体育文化的形成、建设与发展和具有时代性的高校校园文化密切相关。结合高校校园文化的时代特性而进行高校体育精神文化建设，必须坚持中国特色社会主义核心价值观的正确引导，对大学生的综合素质进行全面培养，促进大学生全方位健康持续发展，使大学生在充满挑战与竞争的社会生活中能够以健康的心态来积极应对，努力拼搏，不断开拓进取。

近些年，高校体育教育的发展形势良好，但高校校园体育文化的建设依然没有受到很高的重视，尤其是校园体育精神文化建设，从而影响了高校体育的发展。在新时代背景下，高校必须重视和加强体育精神文化建设，结合中国特色社会主义发展的具体要求，植根于中国特色社会主义先进文化而进行科学建设，突出高校体育精神文化的科学性、可塑性、独特性与传承性。

西方体育文化在我国大学校园的传播与渗透对我国传统体育文化在高校的传承与发展造成了极大的冲击，虽然我们强调体育文化的多元性，要建设多元校园体育文化，但不能一味重视西方竞技体育文化而忽视中国传统体育文化，对此，我们必须坚持正确的指导思想，加强高校传统体育文化建设，大力宣传国家意识形态和主流文化，传播马克思主义中的体育理念，加强思想政治教育引导，营造良好的校园体育精神文化氛围。

2.培养大学生的体育意识

树立正确的体育意识，培养广泛的体育兴趣和良好的体育习惯，提高体育运动能力和自我保健能力，促进身心健康发展，为全面发展打好基础，这是当代背景下高校体育工作对大学生的基本要求。大学生对体育的认识、理解尤其是对体育运动作用和意义的认识与理解是其体育意识的集中体现。体育意识正确且强烈的大学生有很强的参与体育运动的需求、欲望和动机，并在体育活动的参与中表现出良好的体育行为习惯。

在高校体育精神文化建设中必须重视对大学生体育意识的正确培养，将体育理论知识教育、体育实践教学有机结合起来，促进大学生体育意识的形成与全面提升。在素质教育理念下，大学生通过学习文化知识而提高了文化素养，这使得他们对体育的认识与理解摆脱了以往简单直观的思维方式，形成了理性思维，并能自主判断，在大学生的思维方式发生积极性转变时加强体育理论教育和体育文化宣传，更有助于提升大学生的体育意识。

在大学生体育意识的培养中，要充分发挥体育教育的作用，基于对体育运动发展历史的把握和发展规律的总结，结合高校体育特色和体育教育的时代特征，对体育教育知识内容进行优化选择，通过实施这些体育教育知识来满足大学生的需求。此外，合理安排体育教材内容的同时也要加强与实践的结合，用科学的教材理论内容指导实践，从而使大学生在良好体育意识的指导下主动参与丰富的校内外体育实践活动，提升参与的积极性和提高参与效果。

3.培养大学生高尚的体育道德

高校体育精神文化包括高尚的体育道德和良好的体育行为习惯，这也是高校体育精神文化建设的重要内容。高等院校知识密集，人才济济，大学生作为中国特色社会主义事业的接班人，他们的思想道德水平对社会主义现代化建设具有重要影响。体育运动具有培养良好思想品德和健全人格的重要价值，因此我们要将高校体育文化的导向功能、育人功能充分发挥出来，对丰富多彩的校园体育活动进行组织与举办，鼓励大学生积极参与活动，促进大学生体育道德水平的提高和体育素质的综合提升。

在高校丰富多彩的体育文化活动中，要大力宣传科学的体育思想和体育价值观，如竞争的公平与公开，在竞赛中对对手和裁判的尊重以及对规则的遵守，要求真务实，不断创新，要规范行为举止，表现出良好的体育道德风尚和美好的人格，使大学生在耳濡目染中提升自己的体育道德水平。此外，高校还要将各种传播媒介利用起来大力宣传我国优秀体育运动员在国际大赛上为国争光的光荣事迹，从而对大学生进行爱国主义教育，对大学生的民主情感进行培养，并对其世界观、人生观的建立进行正确引导。

4.对大学生进行体育精神培育

体育精神是高校校园体育文化的重要内涵，更是高校校园体育文化的核心。在体育文化体系中，体育精神文化居于最高层次，对人们的体育行为具有重要影响。体育精神具有很强的影响力，尤其是凝聚力和号召力，高校体育精神是高校在长期的体育实践中形成的文化底蕴和积累的精神财富，如遵守规则、公平公正、诚实善良、友好互助、热爱祖国等。

随着社会经济的发展和人民群众生活水平的提高，大学生的物质条件得到了极大的改善，但他们缺少精神财富，这从他们的一些行为与问题中就能体现出来，如急功近利而非脚踏实地，考试舞弊、学术不端、缺少诚信等。要解决这些问题，必须发挥体育精神的引领作用，将体育精神作为大学生前进的灯塔，指引他们前行，对大学生的务实精神、规则意识、公平观念、诚信美德等进行培养，这些对高校体育精神文化建设和高校精神文明建设都具有重要意义。因此，高校要面向大学生进行体育精神的弘扬，将真、善、美传递给每个大学生，并由大学生传递到社会，使体育精神的影响力遍布社会各个方面，推进社会主义精神文明建设。

高校要根据大学生学习体育知识的内在需求，走进和贴近学生开展可选择、多样化的精品体育课程，而且高校还需要多样建立体育讲座、体育数据资源库、宣传专栏等以便为大学生所需，也应丰富大学生体育竞赛体系和加强体育活动普及程度，还可以利用体育媒体的优势来系统地、有目的地营造多彩的校园体育文化氛围，如在不影响大学生正常学习的基础上，可以在学校食堂转播各种体育新闻和赛事，在广播中定时播放体育声音和体育故事，以便大学生能够随时了解体育资讯，激发体育锻炼动机。高校也可以建设体育信息交流平台，之前听得较多的是"英语角"，类似的也可以多举行"体育角"，让"体育风暴"在校园盛行，不仅可以促进大学生的社会交往能力和环境适应能力，也可以通过彼此交流促进体育价值观和健康行为培养。

四、提高体育教师的核心素养

体育教师自身专业素养的高低直接影响着大学生体育核心素养的培养效果。体育教师只有使自身体育核心素养保持较高水平，才能在体育教学中着手培养大学生的核心素养。

培养体育教师的核心素养，首先要从体育知识和运动能力入手，通常体育教师的体育与健康知识储备较多，运动能力较强，因而可以根据情况减少这些方面的培养时间，将重点放在对体育教师健康行为、体育品德、体育信息素养等方面的培养上。高校要定期组织教师培训工作，围绕体育教师应具备的体育核心素养来确定培训内容和优化培训路径，切实提高培训质量，防止"走过场"和只做"表面工作"。

五、优化改革体育教学

（一）细化体育教学目标

为有效培养大学生的体育核心素养，高校体育教学目标应涵盖体育核心素养的三个维度，明确各个维度的教学目标，并根据各维度教学目标设置相应的教学内容和选择相应的教学方法，从而促进各维度教学目标的实现，最终实现全面培养与提升大学生体育核心素养的教学目标。

（二）优选体育教学内容

体育核心素养下的体育课程内容的组织需要把握育人理念与人才需求，深刻剖析体育核心素养的要求与价值，教师要全方位把握核心素养并能够贯彻实施。

1.内容的选择

课程内容是由知识、技能和情感、态度与价值观以及科目等要素构成，体育核心素养下的课程内容由运动能力、健康行为、体育品德和体育学科的各个运动项目构成。我国体育课程内容存在着繁（内容繁多，缺乏重点）、浅（学于表面）、偏（体育与健康互为失衡）、断（学段、学期间内容断层、不够系统连贯）等现象。针对这些现象，以体育学科核心素养为方向的体育课程内容选择要对体育知识技能进行动态处理、选择和建构，要追求内容的科学性、经典性与迁移性。

围绕体育核心素养的课程内容选择应该重点突出，基于学校实际和师资情况进行选择；针对其中的健康行为、体育品德素养培养的长期性，要求课程内容的选择达到系统性和整体性。基于以上情况可以根据学校具体开设的运动项目创造性地制定模块。例如，根据学校实际开设的运动项目，同一运动项目的模块集中在一个学期或学段内。

体育核心素养秉持的是"以人为本""以学生为本"的发展理念，因此教师在选择课程内容、设计课堂教学时可以依据教材，但教材不应该是唯一的依据，教师也可适当了解体育学科素养的价值与要求，了解学生的兴趣需求，从而有针对性地选择课程内容。①

2.内容的组织

体育核心素养视域下体育课程内容的组织遵循连续性、顺序性原则，运动能力、健康行为与体育品德是一个相互联系的整体，不能将其割裂。连续性原则是指选择的体育课程内容直线式进行教授，使学生在不同的学习阶段能够不断复习之前的学习内容，可以反复、连续性地学习、练习，避免遗忘，但其强调的是同一水平上的反复学习。以武术完整套路教学为例，需要每次课堂进行重复练习，因为一旦中断不仅可能会出现遗忘的现象，而且学生的动作神态会大打折扣，因此需要连续性重复练习。

顺序性原则与连续性原则相似，但顺序性原则强调的是运动技术的层层递进，由简到繁、由易到难，特点是后面的技术动作是在前一动作学习的基础上进行的。模块之间在内容的难易程度、教和学的要求等方面是有区别的，后一个模块在前一个模块的基础上内容更难、要求更高。②

体育核心素养是一种综合性素养，它涵盖领域广泛，而学生形成体育学科核心素养的最终价值是能够将其整合运用到生活当中，解决生活中面临的实际问题。例如，运动损伤处理的教学不单单是体育运动的知识，更是糅合了医学知识，运动过程中受伤是不可避免的现象，而对损伤进行及时的处理就是将知识运用到生活中解决实际问题。

---

① 贺新家.基于学科核心素养的大学体育课程设计研究[D].武汉：武汉体育学院，2022：30.
② 沈锋.基于学科核心素养的体育课程设计策略研究[J].青少年体育，2022（8）：95-97.

（三）改进体育教学评价

在体育核心素养视角下改进体育教学评价，首先要健全体育教学评价指标，不能只评价学生的单一素养，而应该评价学生的综合素养，包括体育知识、运动能力、行为习惯以及体育品德等。此外，还要对评价方式进行改进，采用定性与定量相结合的评价方式，定量评价主要用来进行体育知识、运动能力等方面的评价，定性评价主要用来进行健康行为、体育精神等方面的评价，以此来促进学生对提升自身核心素养的重视。

六、注重校外交流

培养大学生的体育核心素养，不应该局限于校园之内，高校在体育工作实践中，应尽可能地调动学校外的一切可利用资源，扩展多样化的体育活动路径。

首先，高校与所在社区进行体育交流，组织学生参与社区体育文化活动交流，从而培养学生的运动能力、体育品德。

其次，高校联合举办大型体育赛事活动，吸引体育企业投资，设立奖品，激发学生的参与热情，提升学生的社会适应能力。

最后，高校之间相互走访、分享与交流，带领学生体验多样化的体育项目，培养学生的运动兴趣和行为习惯。

第三章

高校羽毛球教学设计理论

  高校羽毛球教学设计是高校羽毛球课程教学系统中非常重要的一环，是运用系统、科学的方法发现、分析、解决羽毛球教学中的问题，从而实现羽毛球教学效果最优化的过程。科学有效地进行高校羽毛球教学设计，对提高羽毛球教学质量具有积极影响。本章主要对高校羽毛球教学设计理论进行分析，内容主要包括高校羽毛球教学理念和基本教学原则；羽毛球教学设计的理论基础、原则与程序以及羽毛球信息化教学设计。

第一节 高校羽毛球教学理念

一、改变思维，生活化育人

近年来，高校羽毛球教学逐渐生活化，其基本理念是让这项运动更加贴近学生的生活，使羽毛球成为一种寓教于乐的运动方式。生活化的羽毛球教学不仅能够丰富学生的课余文化生活，使学生在日常生活中增加运动量，提高身体素质，预防疾病，同时还能使学生体验胜利和失败，从而培养其发展出良好的心理素质和意志品质。

在高校羽毛球教学中要结合学生的生活实际开发适合不同学生的羽毛球教学方法，进而让更多的学生参与羽毛球运动。高校也可以与企事业单位、社区合作开展羽毛球比赛和交流活动，让羽毛球运动成为学生生活中不可或缺的一部分，这对促进全民健身的发展也具有重要意义。总之，体育教师要善于运用生活化的教学方法，让学生在轻松愉快的氛围中学习羽毛球技能。

二、外在粗放，内在精细

羽毛球是一项充满活力和竞技性的运动。在高校羽毛球教学中要树立外在粗放，内在精细的教学理念，外在与内在相辅相成。外在粗放强调的是对学生体能和运动习惯的培养。羽毛球运动需要快速的移动和连续的击球，对体能要求极高。在教学过程中，教师要注重学生的体能训练，包括耐力、力量和灵敏度的提升。同时，教师还要注重培养学生的良好运动习惯，为日后的羽毛球训练打下坚实的基础。内在精细则强调技术水平和心理素质的提升。其中技术水平的提升是关键。教师要针对学生的技术水平进行个性化的指导，帮助他们改进技术动作，提高击球的质量和稳定性。此外，教师还要注重培养学生的战术意识，让他们了解如何在实战中运用不同的战术来应对对手的攻防转换。同时，心理素质的培养也是不容忽视的。通过心理训练、模拟比赛等方式能够提高学生的抗压能力，培养学生的自信心和应变能力。

三、以学定教，以用定教

在高校羽毛球教学中要树立以学定教、以用定教的理念，这意味着羽毛球教学内容和教学方法必须紧密围绕学生的实际需求和应用场景进行调整。这样的教学模式既能满足学生学习的个性化需求，又能提高教学效果，使学生在实践中更好地掌握羽毛球技能。树立以学定教、以用定教的教学理念，具体要做到以下几点要求。

第一，进行学情分析，了解学生需求，制订针对性教学计划。在进行羽毛球教学之前，教师首先要对学生的年龄、身体素质、运动能力、学习兴趣等方面进行全面了解。通过学情分析，教师可以明确学生的需求，制订出具有针对性的教学计划。例如，对于初学者，教师可以从基础动作入手，逐步引导学生学习羽毛球的基本技巧；对于有一定基础的学生，教师可以针对学生的薄弱环节进行有针对性的训练，不断提高学生的技能水平。

第二，以用定教，结合学生实际应用场景，调整教学内容和方法。羽毛球教学不仅要注重技能的传授，还要关注学生的实际应用。教师要根据学生的实际情况，结合他们的日常锻炼需求，调整教学内容和方法。例如，针对学校羽毛球队的队员，教师可以加大训练强度，提高他们的竞技水平；对于业余爱好者，教师可以重点教授一些实用技巧，使他们在业余时间能够更好地享受羽毛球运动。

第三，因材施教，关注学生个体差异，实施个性化教学。每个学生都有自己的特点和优势，在羽毛球教学中教师要关注学生的个体差异，尊重他们的兴趣和特长，实施个性化教学。对于学习能力较强的学生，教师可以适当提高教学难度，激发他们的挑战欲望；对于学习能力较弱的学生，教师要耐心指导，帮助他们树立信心，逐步提高他们的学习能力。

第四，注重实践，强化训练，提高学生实际操作能力。羽毛球教学要将理论教学与实践相结合，注重培养学生的实际操作能力。教师要合理安排训练时间，确保学生有足够的机会进行实战演练。在实践过程中，教师要密切关注学生的动作要领，及时纠正错误，确保学生掌握正确的技巧。

第五，定期评估，监测学生进步，调整教学策略。教师要定期对学生的羽毛球学习情况进行评估，了解他们的学习成果，以便及时调整教学策略。评估方法可以包括现场观察、技术测试、师生交流等。通过评估，教师可以发现学生的优点和不足，为后续教学提供有力支持。

四、体教融合，教会、勤练、常赛

2020年，国家体育总局和教育部印发《关于深化体教融合 促进青少年健康发展的意见》，文件提出学校体育必须做到"教会、勤练、常赛"，这与"学以致用"教学理念相一致。在高校羽毛球教学中要做到"教会、勤练、常赛"，其中教会和勤练是向学生输入羽毛球知识，常赛就要求学生输出自己所积累的知识。教会、勤练、常赛三者是相辅相成的，教师教会学生羽毛球技能，是学生之后正确练习运动技能的前提。学生的勤奋练习又是比赛取得优异成绩的重要保证，在比赛中取得优异成绩的喜悦心情又反过来激发学生学习和练习运动技能的积极性。

第二节　高校羽毛球教学的原则

一、高校羽毛球教学的基本原则

（一）兴趣原则

高校实施羽毛球教学时，要格外重视学生的兴趣表现。一般而言，学生对外界充满好奇心，愿意探索新奇的事物，兴趣是他们最大的动力。但是由于每个学生都具有一定的天性差异，有的喜欢偏游戏类的羽毛球活动，有的更喜欢攻守激烈的竞技羽毛球比赛活动。这就需要教师在调动学生兴趣爱好、尊重学生个人兴趣的基础上，根据学生的兴趣爱好进行羽毛球教学，这有助于充分调动学生学习的积极性和主动性。

（二）从实际出发原则

从实际出发原则是指教师在实施羽毛球教学时，应该根据实际情况灵活地安排对学生发展最为有利的教学内容。比如，按照教案的安排，一节课有几个简单的步伐或技术，但是如果学生对该动作都已经非常熟悉，失去新鲜感和学习热情的话，教师应根据实际情况迅速做出相应调整，通过增加或降低难度、调整教学内容、变化教学方法等方式进行相应的变动与创新，选择最能激发学生参与热情的方式进行教学。因为只有学生全身心参与，才能获得良好的教学效果，真正使学生受益。

（三）适量性原则

适量性原则是指在羽毛球教学活动过程中有意识地控制练习时间、强度和密度，防止过大的运动负荷造成学生过度疲劳或受伤。一定要在安全的前提下进行教学，在运动负荷的安排中应遵循适量性原则，防止学生因过度疲劳或过度兴奋而影响身心健康。羽毛球教学的形式、内容、运动负荷都要符合适量性要求，在教学实施过程中具体要注意如下几点。

第一，合理调节负荷、节奏。根据学生的认知能力，一般在课堂教学前半部分可安排有一定认知难度的内容，比如新的或较难的动作，而后半部分则以难度较小或带有复习性质的内容为主。这样既保证了学生可以学习新内容，同时难度又不会过大，以免导致学生产生畏难情绪。从学生的情绪来看，应遵循循序渐进的原则来安排运动负荷，如果一开始就安排让学生情绪过度兴奋的内容，会影响新动作的学习和掌握，因此，可以在后半部分适当地让学生的情绪释放，自由练习。

第二，科学安排时间。在羽毛球教学过程中，教师要对教学时间有合理的把握，包括教师讲解和示范时间的比例要适量，时间太短，学生还不能完全理解；时间太长，学生的注意力容易转移。

第三，课前做好准备工作。没有专门羽毛球场馆的高校实施羽毛球教学多是在户外进行，这需要教师提前了解天气情况，同时还要确保场地和相应设施的安全，这些都要求教师在课前做好充分的准备工作。此外，教师还要根据季节和气温情况调整教学中的运动负荷。在炎热的夏季避开日照强烈的时间段，选择活动量小的内容，在寒冷的冬季可适当增加练习密度和运动负荷。

（四）差异性原则

差异性原则是指，教师在羽毛球教学过程中要充分考虑学生的个体差异。因为学生体质健康水平、运动基础、学习能力等存在差异，所以不适合采用一刀切的教学方法。羽毛球教师要根据学生的个体差异程度采取不同的教学方法，对不同水平的学生进行不同的指导，做到因材施教。这就要求羽毛球教师具有丰富的教学经验，对学生的身心发育规律、体能差异、运动水平差异有一定的了解和掌握，并能够敏锐地观察每个学生在羽毛球学练中的表现，并进行适时的、正确的引导。

（五）师生协同原则

高校羽毛球教学中，教师的教与学生的学密切相关、相互影响、相互作用，整个教学过程也可以看作教师与学生互动、协同完成教学任务的过程。鉴于高校羽毛球教学的这一特征，在教学中贯彻师生协同原则非常必要。在高校羽毛球教学中，既要承认与尊重教师的主导地位，也要高度重视与尊重学生的主体地位，羽毛球教师发挥的主导作用与学生主体的能动性相互促进与协调，要特别强调学生发挥主观能动性对提高教学效果的重要性。

在羽毛球教学中贯彻师生协同原则，要做到以下几点要求。

（1）羽毛球教师与学生之间要建立良好的互动关系。
（2）羽毛球教师要使学生掌握适合自己的学习方式，将其学习的主动性与积极性调动起来。
（3）教学过程生动有趣，课堂氛围和谐融洽，师生互动要体现出民主性。
（4）师生平等对话，提高互动质量。

（六）启发创造原则

在高校羽毛球教学中，教师不仅要传授羽毛球知识、羽毛球专项技能，培养学生的羽毛球理论素养与运动能力，还要开发学生的智力，培养学生的意志品质，丰富学生的情感，提升学生的创造力。要完成这些培养目标，就要贯彻启发创造原则，在教学过程中创设情境、设计问题，鼓励学生自主思考，独立或合作解决问题，这也是素质教育的要求。

在羽毛球教学中贯彻启发创造原则，要做到以下几点要求：
（1）将学生的学习动机和热情激发出来，培养学生探索与创新的积极性。
（2）将培养学生的思维能力作为教学目标之一。
（3）设置适宜的、能够启发学生自觉思考的问题情境。

二、高校羽毛球教学的新原则

（一）务实原则

在高校羽毛球教学中要坚持务实原则，首先要强调学生的主体地位，坚持以学生为中心展开教学，真正从学生实际情况、真实需求出发组织教学活动，符合学生的身心发展规律，满足学生的学习需求，真正促进学生成长与进步。其次要从学校实际情况出发进行教学，充分考虑学校的师资条件、羽毛球基础设施条件、体育传统、文化氛围等，从而利用学校优势资源打造高质量羽毛球课程。

（二）高质原则

高校羽毛球教学是一个复杂的系统，其中包含多个环节，羽毛球教学的最终效果与整体质量与每个环节都息息相关，如教学设计环节、教学组织实施环节、教学反馈环节等。只有首先保证每个环节都能高质量落实，才能让最终获得令人满意的教学效果成为可能。无论是宏观上的羽毛球教学设计还是微观上的羽毛球课堂教学组织，都要保持体育运动的本质，保证"乐""育""用"的同步。另外，为了提高羽毛球教学质量，还应该加强高校羽毛球教学环境的生态系统建设，在动态、互动中实现羽毛球教学的可持续发展。

（三）创新原则

创新是教学进步与持续发展的根本动力。因此，在高校羽毛球教学中要树立"破而再立"的教育思想，坚持创新原则。这就要求更新育人观念，跳出体育学科中心主义，向体育学科多维度育人转变，充分发挥体育教育的多维度育人价值，如体育、德育、智育、美育等，从而培养全面发展的综合型人才。

高校羽毛球教学创新要体现在不同教学要素的设计中，如在教学内容的设计中植入新元素，以多元化实现知识的翻新，在教学手段的设计中融合信息技术，开发信息化教学手段，创新知识传输方式，在教学评价的设计中重视植入"社会元素"，以社会需求评价教学结果，评价学生的所学、所得是否能够满足社会对人才的需求，是否能够支撑其在社会中适应生存与竞赛环境。

（四）反思原则

一名教师的成长等于经验+反思。成功的教学经验能使教学相得益彰，丰富的教学经验却能使教学得心应手；适当的反思能使教师改进教学方法，改善教学手段；适时的反思能使教师及时发现问题，纠正错误，进一步提高教学效率和教学水平。在高校羽毛球教学过程中，教师必须养成反思习惯，明确反思内容，提高教学反思能力。不仅是教师需要反思教学过程和教学结果，学生也要反思自己的学习方法，只有不断反思，才能发现自己学习中的不足，有针对性地解决问题，从而不断进步。

（五）服务原则

高校羽毛球教学的直接目标是增强学生体质，提高学生健康水平，传授羽毛球知识与技能，促进学生运动能力的提升和羽毛球素养的发展。除此之外，高校体育教学具有宏观意义上的服务于社会的目标，羽毛球教学作为体育教学的一部分，也应该以此为目标。因而，在高校羽毛球教学中要坚持贯彻服务原则。羽毛球教学的社会服务建设目标，旨在通过开展一系列的羽毛球活动和服务项目，为社会各个层面的人群提供全面、多样化的体育服务，促进全民健身事业的发展。

羽毛球教学的社会服务建设目标之一是推进全民健身的开展。通过开展包括羽毛球运动在内的全民健身活动，如广泛普及羽毛球知识、开展羽毛球讲座、组织羽毛球竞赛、开设健身培训班等，让更多的人了解羽毛球知识，掌握健身方法，增强身体素质，提高生活质量。

羽毛球教学的社会服务建设目标之二是服务教育事业。高校体育教学部可以积极与学校其他学科部门合作，开展跨学科的体育教育活动，如与文化艺术的结合、与科学实验的结合等，从而为学生提供更加全面的教育资源，提升学生的综合素质。

羽毛球教学的社会服务建设目标之三是服务社区居民。通过组织社区羽毛球活动，促进社区居民之间的交流与互动，增进邻里关系，营造和谐社区环境。此外，高校还可以提供羽毛球健身指导，为社区居民制订个性化的健身计划，帮助他们更好地锻炼身体，保持健康。

羽毛球教学的社会服务建设目标之四是服务企事业单位。高校体育教学部可以为企事业单位提供羽毛球健身咨询、健身培训等服务，帮助员工了解健康生活的重要性和羽毛球的健身价值，提高健康水平和工作效率，提升企业整体竞争力。

第三节　高校羽毛球教学设计的理论基础

一、体育教育学理论

（一）体育教育概述

体育教育是我国社会主义建设中非常重要的一项事业，发展体育教育能够满足社会各方面、各层次的人对体育的多种需要。体育课程是体育教育的一个重要载体。体育课程是学校课程体系的重要组成部分之一，是在校学生以身体练习为主要手段，通过合理的体育教育和科学的体育锻炼，达到增强体质、增进健康和提高体育素养为主要目标的必修课程。

体育课程是一门以多学科为基础的综合性课程，与多个学科的关系都很密切。加强体育课程建设，落实体育课程教学，能够使体育教育的功能与价值得到更好的发挥，促进体育教育多元育人功能的实现。

（二）体育教育学理论下羽毛球教学设计指导

羽毛球是高校体育课程的重要内容之一。羽毛球教学系统非常复杂且要素众多，要保证羽毛球教学质量的提高，就要充分认清羽毛球教学系统内诸要素之间的关系。在体育教育教学理论指导下，羽毛球教师要对教学系统内各项要素进行细致的研究与分析，然后结合具体的教学实际和学生特点设计出科学的羽毛球教学方案。

羽毛球教学设计要以体育教育教学理论为基础，细致分析教学过程中的各个要素，将各个要素进行优化组合，这样才能避免教学的盲目性，保证取得良好的羽毛球教学效果。

二、学习理论

（一）学习理论概述

1.学习理论的概念

学习理论主要研究的对象为人类学习的本质及其形成的机制，它属于心理学理论研究的范畴。学习理论体系涵盖的内容众多，它主要强调人类的学习是因经验而发生的行为变化。

2.学习理论的功能

学习理论对于人们研究各领域的问题提供了必要的理论指导，其功能主要体现在以下两个方面。

（1）提供学习研究的途径与方法

一般来说，学习理论是针对个体学习心理和学习行为的研究，为人们在教学方法的选择上提供了重要的依据。

（2）揭示学习的基本规律

学习理论在一定程度上解释了学习的发生和发展过程，分析了教学过程中各种因素产生的原因，并充分解析了良好的学习效果是如何获得的，另外还为教学过程的科学设计提出了具体的教学方法和教学策略，这对于教学质量的提高具有非常重要的意义。

（二）学习理论下羽毛球教学设计指导

学习理论研究领域存在不同的学派，不同学派关于学习的观点对教学设计的指导具有不同的侧重。下面主要分析行为主义、认知主义、人本主义、建构主义几大学派的观点。

1.行为主义学习理论

在羽毛球教学设计中，行为主义学习理论提供了重要的理论基础和依据。这一理论的核心在于分析学生作业、分析教材内容、分析学生学习行为等。另外，教学中的一些较为复杂的因素也会考虑在内。

以行为主义学习理论为指导，能保证羽毛球教学设计的科学性，在具体操作中应注意以下几个方面的要求。

第一、要高度重视羽毛球教材内容的合理安排，重视不同教学内容之间的逻辑顺序，确保教学内容之间的连贯性，有利于学生学习水平的提高。

第二、综合分析羽毛球教学系统中的各项要素，加强各项要素之间的联系。

第三、要重视学生学习相关信息的反馈，建立一个有效的反馈机制，客观评价学生学习效果，为羽毛球教学设计提供必要的理论与实践依据。

2.认知主义学习理论

认知主义学习理论非常强调尊重学生的特点与发展规律，要求羽毛球教学设计要以学生的发展为根本基础。

第一、羽毛球教师应深入分析学生在教学中的地位和影响，加强羽毛球教材内容的设计与研究，合理安排羽毛球教学内容，有利于学生更好地学习和掌握羽毛球知识与技能。

第二、羽毛球教师要重视教学系统中的每一个元素，如羽毛球教学模式、教学方法、教学手段、教学评价等，在完善的羽毛球教学系统下促进学生的全面发展。

3.人本主义学习理论

人本主义学习理论要求羽毛球教学要坚持"以人为本"的基本原则，即羽毛球教学活动的开展要以"学生"为本，一切教学活动都要建立在学生学习需要的基础上。

作为羽毛球教师要始终坚持"以人为本"的教学原则，设计教学内容要紧紧围绕学生进行，在具体的教学过程中必须尊重学生、重视学生的学习需求，综合考虑学生各方面特点与发展需求，一切要以提高学生的学习水平和综合素质为准。

第一、羽毛球教师应设计各种有效的教学策略以充分挖掘学生的潜能，激发学生自觉参与羽毛球学习和运动锻炼的意识，培养其创新能力。

第二，在羽毛球教学设计中，教师还要分析学生的学习需求和学习兴趣，培养学生学习的兴趣和动机，使学生能够在快乐的教学氛围中学习知识并获得提高，这对于学生终身体育意识和习惯的养成具有非常重要的意义。

第三，在羽毛球教学设计中，教师应充分考虑学生的全方位发展需求，不仅要关注学生知识和技能素养的提高，还要促进学生良好生活习惯和个性的养成。

4.建构主义学习理论

建构主义学习理论认为，个体通过意义构建的方式获得相应的知识，教师只是在帮助学生进行意义的构建。整个学习的过程就是学生对信息进行加工，进行意义构建的过程。

建构主义学习理论主张学生个性的培养与发挥，提倡学生积极主动地学习。在教学过程中，强调对个体意义建构的关注，主张采取各种手段和措施激发学生学习的积极性，提高其创新意识与能力，这对于促进学生探究性、创造性的发展具有重要意义。[1]

一般来说，建构主义学习理论主要包括以下四个方面的要素。

（1）"学习情境"：创建有利于学生意义构建的情境，对于教学质量的提高具有重要的作用。

（2）"学生之间的协作"：学生之间为达成共同学习目的而展开的互相学习和提高的过程。

（3）"会话"：在体育教学过程中，师生之间、学生之间都会进行一定的交流与沟通，如讨论问题、分享经验和见解等，这些都属于"会话"的表现。

（4）"意义建构"：指学生在已有认知结构的基础上，通过学习将新的信息整合到原有的认知结构中，从而形成一种全新的认知结构。

建构主义学习理论下进行羽毛球教学设计，要做到以下几点。

---

[1] 李士刚.建构主义学习理论指导下的体育教学设计[D].大连：辽宁师范大学，2009：17.

（1）重视羽毛球教学过程中教学情境的构建，为学生的学习营造一个良好的教学环境，以充分激发学生主动学习的兴趣。

（2）在羽毛球教学设计中，利用合理的教学形式开展各项教学活动。

（3）利用创新的技术手段，提高学生学习兴趣，提高教学质量。

（4）遵循"以人为本""健康第一""终身体育"的教育理念和原则。

第四节 高校羽毛球教学设计的原则与程序

一、遵循高校体育课程设计的一般原则

（一）设计理念的鲜明性

在体育课程设计中，既要以社会发展需求、体育学科发展需求以及学生自身发展需求为依据，又要对学校体育发展的客观条件与现实情况予以考虑。在新时代背景下，为了适应体育课程改革与创新的需要，在体育课程设计中必须贯穿鲜明的理念，如"健康观""生活观"和"文化观"，这些理念要具体从体育课程目标、课程结构以及课程内容等不同课程要素的设计过程中体现出来。

（二）目标设计的多维性

体育课程设计应体现对学生需求与社会需求和谐统一的兼顾，在课程目标设计中尤其要体现这一点。兼顾社会需求是指学生在体育课程学习中所学的知识与技能应对其将来步入社会后的健康生活有益。兼顾学生需求是指要使学生通过学习体育课程教学内容而实现个人理想与价值，满足个人愿望，

在学习中有所收获，如增强体质、愉悦心理、陶冶情操、掌握知识与技能等。兼顾社会需求和学生需求的和谐统一，要求在体育课程目标设计中既要传承体育文化，又要将学生的主观学习感受重视起来，既要基于体育课程的科学逻辑性而与整体性目标相适应，又要尽可能使学生的多样化需求得到满足，将体育课程的人文教育功能充分体现出来。

上述分析充分反映了体育课程目标设计的多维性。在具体设计过程中，应根据层次、形式、内容划分不同的课程目标，如基础目标和发展目标（层次上的划分）、行为目标和过程性目标（形式上的划分）以及动力目标和能力目标（内容上的划分）。

（三）内容设计的功能互补性

体育运动理论丰富，项目多样，因而体育教学内容整体上是非常丰富的，在体育课程内容的筛选和设计中，要将体育课程的科学性、人文性及其内在价值充分体现出来。从理论上而言，体育运动本身就具有多元化价值，在教学实践中往往很难充分发挥这些多元价值，这就导致体育课程教学的一些目标无法实现，如情意目标、价值观目标等。鉴于此，体育课程内容的设计应分类进行，既可以分为体能类、技能类等，也可以分为竞技类、健身类、娱乐类等，在分类的基础上对各个项目板块进行设置，体现各个项目的优势功能，促进不同项目之间的功能互补，从而形成功能互补的课程内容体系。

（四）结构设计的系统性

体育课程结构的设计要突出系统性，将课程设计的整体优势充分发挥出来。在课程结构设计中贯彻系统性原则的本质是保证课程结构的完整性和建立课程各要素之间的和谐关系。

体育课程结构从不同的视角分析所包含的要素是不同的，见表3-1。

表3-1 体育课程结构的系统性

不同分析视角	结构要素
宏观视角	显性课程 隐性课程
类型视角	必修课程与选修课程 学科课程与活动课程 正式课程与非正式课程
组织形式视角	体育课教学 体育俱乐部 体育运动协会 体育专题讲座 课余体育训练 校园体育竞赛

在不同视角下进行体育课程设计时，整合系统各要素，形成最优化效应，从而使系统的整体功能得到最大化发挥，成为设计的重点与难点。在具体设计过程中，要依据科学理念、结合课程目标和高校体育教学条件，有机组合课程结构要素，突出结构的系统性，发挥课程的整体功能。

（五）学习方式设计的生活性

对体育课程的学习方式进行设计时，要使学生以最适合自己、最有效的方式形成对教学内容的感知和理解，并在学习中认真体验，充分享受，对体育课程的人文价值、科学价值有更加深刻的理解。为达到这一目的，在学习方式的设计中要贯彻生活性原则，从而使学生的体育学习活动更加生活化、日常化。学生在生活化、常规化的体育学习过程中能够更好地观察与模仿，尝试新方向，乐于交往与合作，能够自主探究与创新，从而提高自主学习能力和学习效果。

学生的生活性学习方式从"现实体育生活""可能体育生活"中都能体现出来，前者是丰富多彩的体育生活的直观呈现，强调学生在体育课程学习中的真情实感；后者是通过体育学习活动而形成一种新的体育生活方式，这种新方式超越了现实体育生活方式，追求更高的价值和长远的意义，能够引导学生对未来体育生活的价值进行探寻，提高学生学习的自主性和积极性。

二、遵循高校羽毛球教学设计的具体原则

高校羽毛球教学设计除了要遵循体育课程设计的一般原则，还要遵循一些具体的原则。羽毛球教学设计只有遵循与贯彻具体原则与基本要求，才能保证设计出来的教学方案科学合理，既符合教师的教学需要，又满足学生的学习需要。具体而言，羽毛球教学设计要遵循以下几项具体原则。

（一）系统性原则

首先，羽毛球教学是一个非常复杂的系统，无论是理论方面还是实践方面，都涵盖了诸多元素，在各个元素交织配合、相互作用的条件下，整个系统才能实现复杂的运行机制。因此，在进行羽毛球教学设计时，要坚持系统性原则，保证教学的每个组成元素之间都具有某种内在的关联和呼应，从而使系统发挥出强大的作用。

其次，在构建系统性羽毛球教学方案时，也要从各个主要元素的作用出发，为各个元素能够发挥出应有的作用而创造适宜的空间，即同时保证系统的整体与局部都能实现良好的运行。

总之，遵循系统性原则进行羽毛球教学设计，有利于形成系统的教学计划，为学生的全面发展奠定良好的基础。

（二）目标性原则

羽毛球教学设计的目标性原则是指，羽毛球教学从设计到实施都是围绕着具体的目标而进行的，羽毛球教学又是基于设计出来的教学方案、利用已有教学资源而开展有效的教学活动。为顺利实现某些具体的羽毛球教学目标，必须围绕着教学目标设计羽毛球教案和实施羽毛球教学活动，这是目标性原则的直接体现。

遵循目标性原则，可以确保羽毛球教学活动的设计始终具有较强的针对性，不会偏离教学目标的要求，并且保证教学方法、教学内容、教学步骤等设计元素的安排都以有利于羽毛球教学目标的实现为重要依据。

（三）简明性原则

羽毛球教学设计要遵循的另一重要原则是简明性原则。羽毛球教学是一项内容和形式都十分复杂的知识与技能传授活动，在教学过程中，既要保证知识和技能的准确传递，又要保证教学过程的高效进行，因此，只有遵循简明性原则，才能保证提高教学效率和优化教学效果的同时实现。

简明性原则应贯穿在羽毛球教学设计的每个环节，即无论是教学方法、教学步骤，还是教学内容、教学素材，都应本着简单明了的原则进行，让教师和学生在教学活动的每个环节都能清晰地知道，教学活动的目标是什么，应该做什么，需要做哪些练习，以及学习这一知识或技能大概需要多长时间等。羽毛球教学设计只有足够简明，在实施的过程中才更具指导性，方便教师和学生付诸实践。

（四）趣味性原则

趣味性原则是指在进行羽毛球教学设计时，应有意识地提升教学过程和教学内容的趣味性，创造一种轻松有趣的教学氛围，这样将有助于调动学生的学习积极性和主动性，从而有效提升羽毛球教学效果。

趣味性原则的贯彻并非十分容易，需要羽毛球教师熟稔羽毛球教学内容以及学生的个性特征及羽毛球基础水平。在高校羽毛球教学设计中贯彻趣味性原则，要做到以下几点。

第一，羽毛球教师应尽快了解和熟悉所教学生的个性特质，特别是了解他们的兴趣爱好和羽毛球实际水平。

第二，羽毛球教师应丰富自己的知识技能储备，不断提升自身的羽毛球综合素质和教学能力。

第三，选择合适的教学内容，让学生在愉悦的环境下学习，以激发他们学习的积极性，获得运动技能的提升，提高教学效率。

(五)优化性原则

在设计羽毛球教学方案的过程中,教师要事先做好一定的准备,要认真细致地分析羽毛球教学系统的各个元素,并将这些元素加以整合与优化,以实现最优的教学效果,这就是羽毛球教学设计的优化性原则。

(六)操作性原则

在设计羽毛球教学方案的过程中,教师还要遵循贯彻可操作性原则,使设计出的教学方案体现出便捷、实用、高效等特点,这样才有利于羽毛球教学活动的顺利开展。

没有可操作性的教学方案是没有价值的,因为不具备操作性的教学设计毫无意义。因此,在进行羽毛球教学设计的过程中,应时刻考虑它的可操作性,即是否方便教师实施,是否有利于不同身体条件和技术水平的学生都能在现有的基础与水平上获得进步。

(七)灵活性原则

羽毛球教学不是照本宣科,而是理论结合实践的动态学习过程,教学过程会因为不同的教师、不同的学生而具有很大的不同,教学活动是一个复杂的系统,它的发展不是单向的、线性的推进,而是系统内的多个要素同时发挥作用。然而,这些要素对哪些学生、在哪里发挥了最重要的影响,往往难以界定。因此,在进行羽毛球教学设计时,还应谨记灵活性原则,而不是僵硬地设计各个要素。具体设计过程中,要围绕着羽毛球教学目标,尽量采用多元的、丰富的教学元素,并巧妙地利用教学环境或者教学手段的差异性特点来增加教学活动的灵活性,从而使学生对羽毛球课程总是抱有一定的新鲜感和期待感,因为在他们心里已经形成了一个稳定的认知,即羽毛球课是一个多变的、灵活的学习过程,充满乐趣、挑战和吸引力。这些都是有利于羽毛球教学实施的重要因素,这些因素决定了羽毛球教学的模式、结构等,通过巧妙而灵活的设计,不断提升和优化高校羽毛球教学效果,促进羽毛球教学的持续发展。

（八）创新性原则

在羽毛球教学设计原则中，创新性原则是不能忽视的。若要保持羽毛球教学的持续发展，必须在设计过程中遵循创新性原则。社会在发展，时代在进步，羽毛球教学也要随着社会的发展而不断调整，只有保持创新性，才能更加符合国家和社会的发展需要，培育具有时代特性的人才。

需要注意的是，创新性原则并非全部推翻原有设计，它强调的是在进行羽毛球教学设计时要保持一定的创造性，既要保留重要的传统教学模式或内容，也要敢于打破传统的局限性。在当前的教育背景下，羽毛球教学设计的创新是推进羽毛球教学改革的重要手段，也是培养学生创新意识和创造能力的重要路径。学生只有在创新的环境里学习和实践，才能将创新精神和创新意识真正融入其自身的基本素质中。

三、高校羽毛球教学设计的程序

无论是从宏观层面进行学段教学计划设计、学年教学计划设计、学期教学计划设计和单元教学计划设计，还是在微观层面进行课时教学计划设计，羽毛球教学设计工作主要包括以下几个步骤。

（一）学生学习需要分析

进行羽毛球教学设计，第一个工作是要认真分析羽毛球教学系统的环境，其中最重要的内容就是对学生学习需要和发展需要进行分析。只有在客观分析学生学习需要和发展需要的基础上，才能提出合理的羽毛球教学目标，并进行科学的教学设计。因此，高校羽毛球教学设计的第一个工作就是要明确学生"为什么而学""为什么必须学"的问题。

学习需要分析的步骤可以参考体育学习需要分析步骤，如图3-1所示。

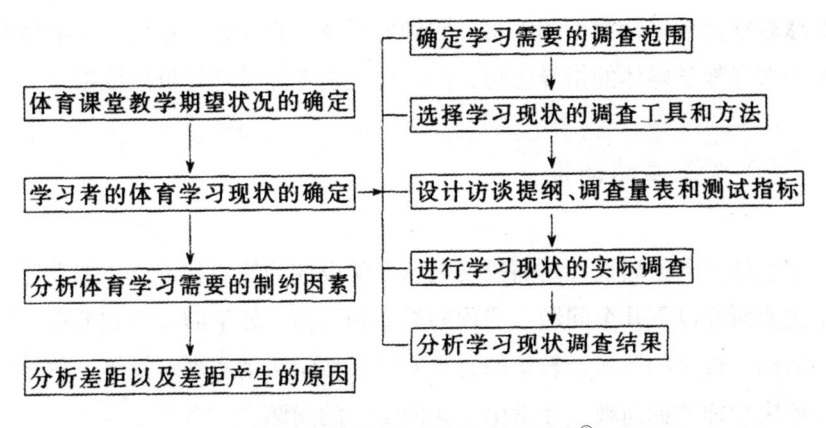

图3-1 体育学习需要分析的步骤[1]

（二）对学习内容的分析

高校羽毛球教学设计要对学生需要学习哪些知识和技能，要达到什么程度和水平，在学习过程中可以形成何种能力等进行分析。学习需要的分析与学习内容的分析密切相关。前者是学生"为什么而学"的问题，后者是教师针对学生的学习需要和发展需要决定"让学生学什么"的问题。

（三）对学生的分析

研究表明，教师对学生当前具备的知识技能的了解程度是教学成败的关键。因此，好的教学设计必须分析学生进入学习前的准备状态，包括学生的身心特点、羽毛球技能的基础等。

（四）教学目标的设计

在对学生的需要、学习内容和对学生自身情况进行分析的基础上，要对

---

[1] 杨雪芹，刘定一.体育教学设计[M].桂林：广西师范大学出版社，2005：80.

羽毛球教学目标进行设计和编写。明确而具体的教学目标是制定羽毛球教学策略和选择教学媒体的指导思想，同时也是羽毛球教学评价的依据。

（五）教学策略的设计

羽毛球教学策略设计是高校羽毛球教学设计的核心和重点。羽毛球教学策略主要研究以下几个问题：课程的类型和结构、教学的顺序和节奏、教与学的活动、教学的形式、教学的时空安排、教学活动实现对策等。教学策略主要解决教师"如何教"和学生"如何学"的问题。

（六）教学媒体的设计

现代科技的迅猛发展为羽毛球教学提供了越来越多的教学媒体，现在可选择的教学媒体多种多样，我们应该根据教学需要选择最适当的教学媒体。各种教学媒体各有所长，因此在教学设计中应遵循一些基本原则来选择教学媒体，综合考虑一些重要因素进行选择，具体需要考虑的因素如图3-2所示。教学媒体选择以后，就要将教学内容与方法转换为书面的或视听的形式，即具体详细、具有可操作性的实施方案。

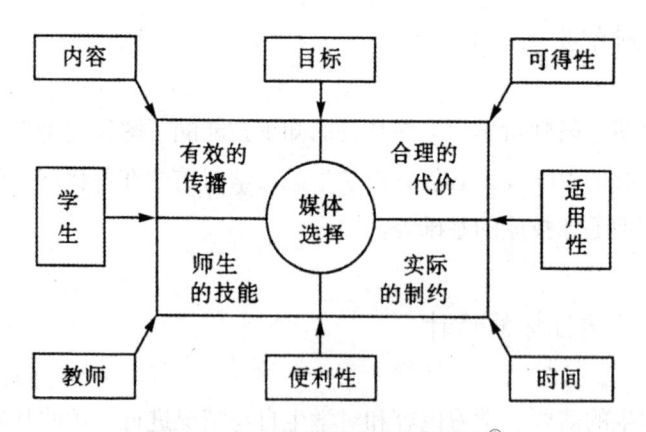

图3-2　影响教学媒体选择的要素[①]

————————

① 舒盛芳，高学民.体育教学设计[M].上海：复旦大学出版社，2013：61.

（七）教学过程的设计

设计高校羽毛球教学过程，可用流程图的形式，简明扼要地表达各要素之间的相互关系，直观表达羽毛球教学的过程，给羽毛球教师提供一个可供参考的教学设计方案。

（八）教学评价

羽毛球教学设计完成之后，就可以得到一个教学方案。教学方案在实施之前，要考虑设计的方案能否带来理想的教学效果，对学习需要、学习内容和学习者的分析是否正确，羽毛球教学目标是否明确、具体，羽毛球教学策略是否准确，羽毛球教学媒体是否有效等问题，因此必须对羽毛球教学设计的成果进行评价。评价可采用形成性评价和总结性评价等方式。在教学设计方案实施之前，先在小范围实施，了解教学设计的可行性、有效性、实用性等。如果不能达到预期教学目标，则要重新设计方案，直至合理。

上述8个方面构成了羽毛球教学设计的过程，它可用流程图来表示，如图3-3所示。

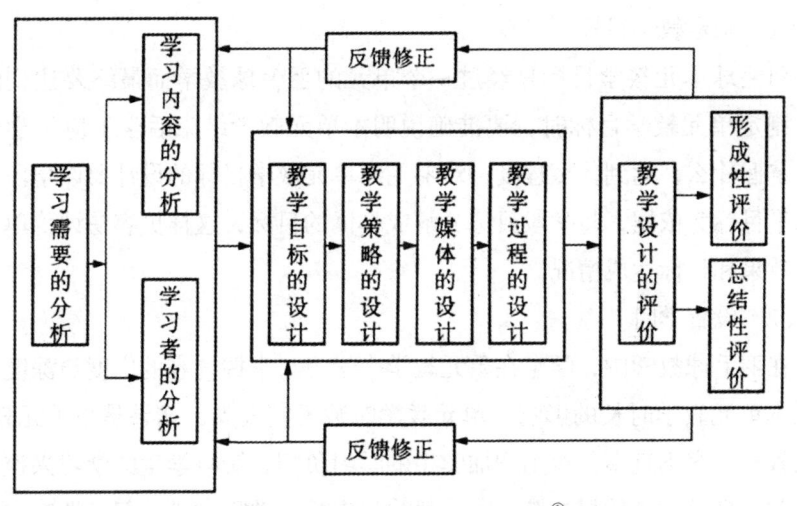

图3-3 羽毛球教学设计的程序[1]

---

[1] 杨雪芹，刘定一.体育教学设计[M].桂林：广西师范大学出版社，2005：112.

四、高校羽毛球教学计划设计

高校羽毛球教学设计包括宏观设计和微观设计，下面重点对宏观设计中的单元教学计划设计和微观设计中的课时教学计划设计进行分析，从而为高校羽毛球教师进行羽毛球单元教学计划和课时教学计划设计提供指导。

（一）单元教学计划设计

在高校羽毛球学年教学和学期教学中，教学计划通常以单元教学计划的形式出现，单元教学计划又是通过课时教学实现的。对羽毛球教学内容进行单元化的系统安排的过程即为单元教学计划的设计。在单元教学计划中，课程内容以单元为划分单位，通过组织实施单元教学内容而确定单元教学的基本框架。羽毛球课程每个单元的教学内容相对完整，能够将羽毛球课程的设计思想与教育理念反映出来。下面具体分析羽毛球单元教学计划的设计思路与步骤。

1. 设计思路

（1）制定教学目标

羽毛球单元教学目标是经过一个单元的羽毛球教学而最终要达到的目标，制定单元教学目标时，要准确说明本单元教学结束后学生应该学会什么、掌握什么、达到什么程度。对羽毛球单元教学目标的设计要以学段不同的水平目标为依据，将学段目标分解成具体的目标，这样更容易评价单元教学的效果和目标达成情况。

（2）设置学时

在羽毛球教学中，学生在单元教学中学习与掌握内容的广度与深度直接受到本单元教学时长的影响。单元教学时数不宜太少，如果是小单元教学，那么教学内容不宜多，否则增加学生的学习负担，影响学生的学习兴趣，最终不利于良好教学效果的获得。一般建议安排大单元教学，每学期2~3个单元为宜。各单元的时间跨度适当加大，不同单元的教学内容尽可能不重复，但可以针对同一教学内容提出不同的教学要求，逐渐增加教学难度。通常要以单元教学内容的多少和难易程度对该单元的学时进行设置，同时也要考虑学生的基本情况。

（3）制定教学策略

为实现单元教学目标而采用的一系列教学方法、手段、模式以及多媒体因素等总称为教学策略。在单元教学中要解决"教师如何教"和"学生如何学"的问题，就必须确定教学策略，包括教师教授的策略和学生学习的方法。不同教学情况下或不同单元教学中适合采用的教学策略是有差异的，为了达成单元教学目标，在一个单元的羽毛球教学中往往要采用诸多教学策略，掌握的教学策略越多，在实践中选用的空间就越大，各项策略取长补短，能够提高单元教学效果。

2.设计步骤

（1）以羽毛球学段水平目标、羽毛球学年教学目标、羽毛球学期教学进度以及某些目标的达成度为主要依据，对各个单元的教学目标予以明确。

（2）以羽毛球课程内容的学时数和难易程度为主要依据对每次课的学时目标进行制定。

（3）根据单元教学目标和课程内容对单元教学的组织形式进行设计与选择。

（4）对每节课的教学策略进行设计。

（二）课时教学计划设计

在羽毛球单元教学计划中，按逻辑程序分割出来的每一节课的教学计划就是课时教学计划，单元教学计划要通过若干课时教学去逐步完成。课时教学计划也称教案，也就是一节课的教学方案。下面具体分析羽毛球课时教学计划的设计。

1.设计思路

（1）准确提出教学任务

教师在备课和设计教案时，必须明确这节课的教学目标，要依据教学目标确定教学任务，教学任务必须是具体的、可完成的，是能够对教学效果和教学目标的达成程度进行检验的。教学任务的用词必须严谨、具体，不能抽象概括，如将"掌握正手击高远球技术"的教学任务改为"初步掌握或基本掌握正手击高远球技术"，将"运用握拍技能"改为"初步运用握拍技能或熟练运用握拍技能"，要根据教学对象的实际情况而确定"初步""基本""熟练"等程度词汇。

（2）正确选用教学方法

教师在不同教学阶段都要从众多教学方法中挑选适宜的教学方法，选择教法时，教学目标与任务、教学条件、教师能力、教学内容等都是必须参考的重要依据。为满足教学需要和提高教学的趣味性，教师往往要采用多种教学方法，但因为课时有限，所以要有侧重地实施各种教法，充分发挥不同教学方法的价值与作用。

（3）合理安排负荷

实践课上学生的练习活动占用了大量时间，学生的练习效果及实践课的教学效果与运动负荷密切相关，因此安排运动负荷很重要。教师要循序渐进安排运动负荷，通过改变运动量、练习时间、练习强度、练习密度、练习难度等要素来调整运动负荷，旨在促进学生通过有效练习而熟练掌握与运用羽毛球运动技术。

（4）前后课次合理衔接

设计一节课的教学计划，要参考前一节课的计划内容，并设想下节课的教学计划，不仅相邻课次要紧密衔接，各个单元的教学也要密切联系，避免学生学习新知识就忘了旧知识，要促进学生实现知识与技能的正向迁移，达到温故知新的学习效果，从而提高学习效率和学习水平，达到有效学习的良好效果。

2.设计步骤

羽毛球课时教学计划的设计步骤如下。

（1）将课时教学目标确定下来。

（2）对本节课的教学内容加以筛选和组合排列。

（3）根据本节课的教学内容和教学目标对教学方法、学习方法以及教学组织形式进行设计。

（4）对课堂教学时间、练习时间进行安排。

（5）对课堂练习的密度和运动负荷进行设计。

（6）对场地器材的布置、教学用具的使用加以明确。

（7）课后小结。

教师常常使用表格形式设计教案，尤其是实践课的教案，表格式教案形式简单，明确了课堂教学的结构、内容、组织形式与方法，而且不同教学部分的教学目标与任务、教学内容与方法以及教学组织形式是相对应的。课的结构明确，教学重、难点明确，时间分配明确，各部分的教学连贯衔接，形成一个整体。常见的教案表格形式见表3-2和表3-3。

表3-2 表格式教案一

班级		人数		课次		上课日期	
教学内容							
教学任务						课的类型	
课堂结构	时间分配						
准备部分							
基本部分							
结束部分							
器材与设备				运动负荷曲线			
课后小结							

表3-3 表格式教案二

班级		人数		课次		上课日期	
教学内容				教学目标、任务			
课的结构	时间		授课内容	组织工作	教学步骤	常见问题与处理	

第五节　高校羽毛球信息化教学设计

一、信息化教学理念

（一）信息化教学的内涵

现代信息化教学是指以现代教学理念为指导，以信息技术为支持，应用现代教学方法进行人才培养的教学活动。现代信息化教学具有现代和信息化两个特点，其中现代指的是教学理念和教学方法都必须具有时代的先进性，信息化是指利用信息技术、多媒体设备和网络教学资源等作为教学的辅助手段。随着网络的普及和信息技术的发展，信息化教学已经成为一种非常常见的教学方式，信息技术已经贯穿整个教学活动的始终，这对于教学质量和教学效率的提升具有非常重要的意义。

（二）教育信息化的发展历程：从教育信息化1.0到教育信息化2.0

教育信息化是将信息作为教育系统的一种基本构成要素，以先进的教育理念为指导，在教育教学、教育科研和教育管理等领域全面深入地运用以计算机、多媒体和网络通信为基础的现代信息技术，不断开发优质教育资源，培养适应时代发展要求的具有现代信息素养的创新型人才，实现信息技术与教育的深度融合，加速推进教育现代化的历史进程。

有学者将21世纪以来我国教育信息化的发展划分为两个阶段，分别是教育信息化1.0阶段（2001—2017年）和教育信息化2.0阶段（2018年以后）。当前，我们正处于教育信息化2.0阶段。2018年4月，教育部发布《教育信息化2.0行动计划》，标志着我国正式迈向教育信息化2.0阶段。

在我国偏远地区有几百万学生因为没有足够的师资资源而无法顺利上课，师资不足成为制约偏远地区学校教育教学发展的主要因素。但随着信息技术的不断发展及其在教育教学中的广泛应用，这一现状得到了一定程度的改善，这表明我国走教育信息化之路之后取得了一定的成果，而且教育信息化应用水平还会随着现代教育技术的不断发展以及学校教育教学的深入改革而进一步提高，甚至对国内、外教学都产生重大影响。我国在教育信息化的改革与发展道路上，结合中国特色社会主义初级阶段的国情，致力于对中国特色社会主义教育教学信息化的路径加以探索，实现信息技术与各学科教学的多元和深层融合，大量实践表明我国的教育改革走信息化之路是正确的。

现阶段，我国有关部门正在进行对指引与促进教育现代化发展的相关文件的研究与制定，以便在科学理论和理念的指引下全面部署未来教育路线，做好宏观规划，更有目的性、方向性地开展教育工作，最终实现教育强国的战略目标。

在信息社会，教育治理离不开对信息技术手段的应用，将现代信息技术融入教育改革与治理中，构建教育信息化的改革与治理模式，在教育服务、教育教学过程以及教育管理中充分使用现代科技手段，尤其是现代教育技术，有利于促进教育信息化的可持续发展，进一步突出教育的人本性、平等性、开放性。教育信息化的发展既是宏观的，也是阶段性的。为了对教育信息化2.0有更加深刻的认识与理解，我们需要从宏观、中观和微观三个维度来对其发展变迁进行探讨。

1.宏观维度：从基本应用向融合创新的转变

在教育信息化发展早期，主要是在学科教学中采用信息技术手段，促进信息技术与课程的整合，尤其是与课程实施过程的整合。随着现代信息技术的不断发展及教育教学的深入改革，信息技术与课程或教学逐渐从表层的整合向深层的融合过渡，强调在教和学的过程中，教育方法、教育策略以及教育模式等应在信息技术的支撑与引领下获得更好的创新、应用。信息技术与教育从整合到融合，从表层联系到深入渗透，充分体现了信息技术教育应用的发展与飞跃，也从侧面充分体现了教育信息化从1.0到2.0的发展趋势。在教育信息化1.0阶段，信息技术在教育教学中的应用是我国推进教育信息化发展的主要方向，强调教师要在学校教育中经常使用信息技术，使之成为普遍性的教学手段。在教育信息化2.0阶段，随着信息技术与教育的深度融合，更强调在教育教学的改革与创新中信息技术所起的作用和发挥的功能，所以在教育信息化2.0阶段，"创新"是关键。

有学者指出，区分教育信息化是处于1.0阶段还是2.0阶段，要以教育与信息技术是整合还是融合为标志，或者说要以教育信息技术融合的程度与深度作为标志来判断和区分。在1.0阶段，教育与信息技术的融合不够深入，主要解决了一些关于基础设施的问题，而教师素质、教学观念等没有明显转变，很多学校和教师都是被动使用信息技术进行教学，或者说为了创新而创新，而不是真正从内心深处接受信息技术或认可信息技术。在2.0阶段，教育与信息技术实现了深入融合，除了基础教学设施得到了改善，教学观念也在更新，教师的业务能力尤其是信息化教学素养不断提升，学生的信息化学习能力也有了进步，教师与学生普遍能够主动寻求信息化教学手段来解决教授与学习过程中遇到的问题，能够主动拥抱信息技术，而不是像1.0阶段那样被动应付。

从宏观视角而言，教育信息化2.0时代的到来对学校的教育教学条件和教师的专业素养提出了更高的要求，学校不仅要在教育教学中充分使用信息技术来提高教育教学效率与质量，还要在教学管理中采用信息技术来促进传统教育的改革，为传统教育的创新发展提供引领和动力，更好地实现教育资源的优化配置、校园文化的重塑、教学结构的优化升级以及重要价值的重塑。教育信息化2.0时代强调教育与信息技术的深度融合，在此基础上实现教育的创新发展，所以说信息时代教育创新与教育和信息技术的融合是不谋而合的。

虽然在教育信息化1.0时代就在教育中使用信息技术教学手段，但这一时期信息技术所起的作用主要是促进教育教学方法和手段的改进，只是做了一些简单的"修修补补"，更强调通过利用信息技术来改革传统教学手段，促进教学环境的优化和教学方式的变革，但对于教育系统中的重大结构性变革，信息技术尚未起到应有的引领和支撑作用，而这在教育信息化2.0时代逐渐得到了弥补。

2.中观维度：经验化管理向精准管理的转变

在教育信息化2.0阶段，随着信息技术的不断变革和现代教育技术在多学科教学中的深入渗透，有关部门在学校教育管理中为提高管理水平，对人工智能、大数据等现代化技术加以应用，这是国家教育管理公共服务发展的必然要求，也是教育信息化发展到一定阶段的成果。在教育管理中采用信息技术并不是只将其应用到课堂教学工作的开展中，还会利用信息技术来提升教育质量，并为现代化教育管理工作的开展及提高教育管理水平提供基础支撑，如利用信息技术来更好地配置物资资源、调配人力资源、解决传统教育管理的遗留问题等。

在教育信息化2.0阶段，从中观维度上来看，能够使教育管理摆脱经验化管理的困境，实施精准管理，实现教育管理的科学化、精细化和多元化。

（1）科学化管理

传统教育管理存在经验主义、管理决策片面化等问题，经验管理是缺乏科学理论依据和理论支持的，管理之所以出现了经验主义的问题，主要是因为管理技术自身的局限性，导致管理者无法获得大量可靠的数据，所以不得不靠经验进行管理决策。此外，传统教育管理还存在管理决策片面化的问题，主要原因是管理过程中各职能部门缺乏交流，信息分享不及时等。

在教育信息化2.0阶段，教育管理决策经验化、片面化的问题都能够得到解决，管理者从依靠经验管理转变为依据数据进行针对性管理，而且随着信息分享渠道的拓展，管理决策也越来越精准。

（2）精细化管理

传统教育管理中，因为教育教学是动态发展的，所以管理者很难对教育教学的综合情况、动态变化有准确、及时的把握，这就影响了教育管理的动态性，也导致管理决策与管理内容发生时间错位。在教育信息化2.0阶段，随着大数据在教育管理中的不断应用，管理者能够根据数据分析结果来开展具有针对性的管理，如此及时、智能化的管理更加精准、有效。

（3）多元化管理

传统的教育管理以行政部门管理为主，管理结构具有封闭性、垄断性特征，管理主体以政府为核心，这种宏观管理模式虽然有利于统筹全局，但也有诸多弊端，会遗漏一些有必要管理但没有管理的地方。在教育信息化2.0时代，管理主体多元化，多方利益主体都可以共同参与管理，不同组织机构可以利用互联网平台参与综合评估和管理决策，从而使教育管理更加民主，进一步满足多方利益主体的需要。

3.微观维度：对教师的要求从基本技能向信息素养的转变

在教育信息化1.0时代，教师在教育教学中普遍应用信息技术手段，这对教师的信息技术应用能力提出了一定的要求，并将教师能否熟练运用信息技术进行教学作为评价教师信息化教学能力高低的一项指标。在教育信息化2.0阶段，不仅要求教师能够熟练灵活地运用信息技术进行教学，还要求通过教师对信息技术的合理使用来实现信息技术与现代教育教学的深层融合。

信息技术在教育教学中能够起到什么作用，达到什么效益，作用发挥的程度如何，效益是大是小，这些在一定程度上都是由教学的引领者和直接实施者——教师自身的信息技术素养所决定的。之所以要整合信息技术与教学，主要是为了转变教学方式，提高教学效果和质量。转变教学方式与转变教师角色应该是同步的，否则如果只是教学方式发生了转变，但教师不会实施新的教学方式，那么教学方式的转变便毫无意义。所以，我们在强调转变教学方式的同时，还要鼓励教师转变自身角色，从而能够在教学内容传授、教学评价中运用基于信息技术的现代方法与策略来提高信息传播效率，客观评估学生的学习情况，同时能够在日常教学中运用数字化教学策略，提高教学水平。总之，教师角色的变化是教育信息化2.0时代的客观要求，是提高教育水平和育人效果的基本要求。

综上分析可知，从微观层次来看，教育信息化2.0时代对教师的要求从基本技能转向信息素养。但是目前我国很多教师的信息技术素养都不够高，一些教师只会用电脑打字、做PPT，而对其他能够被运用到教育教学中的软件或功能则知之甚少。在信息化时代，要加快教育教学的信息化改革，提高信息化教育水平和质量，实现教师角色的转变和信息技术素养的提高，就有必要加强对教师信息技术素养的培养，并将此作为教育现代化发展中的一个核心环节来抓。

教育信息化2.0时代的到来对学校、教师和学生都提出了一定的要求，对学校而言，要加快进行信息化改革，转变教学方式，培养学生的核心素养；对教师来说，要自觉转化角色，提高信息技术教学能力，从而在信息化教学中对学生的核心素养进行培养；对学生来说，要自觉掌握信息技术手段，提高自主学习能力与核心素养。从对学校、教师和学生的要求来看，培养学生的核心素养无疑是教育信息化2.0时代的最终归宿。

在教育信息化背景下培养学生的核心素养，要以正确的价值取向为引导，防止技术理性凌驾于价值理性之上，否则会出现"以技术为本"的问题，与"素质教育"和"以人为本"的教育理念背道而驰。

培养学生的核心素养，将学生培养成为德、智、体、美等各方面素质全面发展的人，使学生不仅文化基础扎实，而且社会参与度高，并能自主发展。具体来说，要培养学生的科学精神、人文底蕴、责任意识、创新能力，使学生会学习、会生活，能够为祖国建设和民族振兴作出自己的贡献。培养学生的核心素养，使学生全面发展，就要围绕培养核心素养的要求加强对教育教学模式、人才培养模式的改革与创新。

一直以来，我国传统教育过分强调对学生知识素养和应试能力的培养，而忽视了培养学生的思考能力、实践能力和创新能力，这是我国实践型和创新型人才长期缺乏的一个重要原因。传统教学模式被一些学者称作"人灌"，主要表现为单向教学、缺乏反馈、教学内容单一、教学方法陈旧，面对众多学生采取千篇一律的、毫无差异的教学方法，学生学习比较被动，对教师言听计从，缺乏主动创造性。直至现在，这些"人灌"的教育问题还没有从根本上得到解决，而且随着信息技术在教育教学中的普遍运用，出现了"电灌"的现象，意思是教师单方面使用现代信息技术手段将教学内容灌输给学生，从本质上来说，它与"人灌"无异，只是灌输的工具发生了变化。因此，为培养创造性人才，促进培养对象知识素养、能力素养以及综合素质的提升，必须打破"人灌"和"电灌"的限制，真正利用现代教育技术来培养全面发展的人才，这是教育信息化2.0时代教育教学改革和人才培养的基本导向。

总之，实施教育信息化改革，必须强调教育的开放性、适宜性、人本性、平等性和持续性，以先进的教育技术重建教育价值、校园文化，重点培养学生的核心素养，促进学生全面协调发展，满足信息时代社会发展对新型人才的基本需要。

二、高校羽毛球教学的多媒体组合教学设计

多媒体组合教学设计是信息化教学设计的常见形式之一，指的是利用文本、图形、动画、声音、视频等多种媒体方式来呈现信息，为学生提供多种外部刺激，引起学生的学习兴趣，实现教学过程的优化。将多媒体组合教学设计模式运用到高校羽毛球教学中，主要包括以下几个环节。

（一）教学大纲分析

通过羽毛球教学要培养学生什么样的能力素质，通过安排哪些教学内容来培养这些素质，这在羽毛球教学大纲中有明确规定。在羽毛球教学设计中采用多媒体组合教学设计模式，首先要采用多媒体手段对教学大纲进行分析，将教学知识点对应的教学任务明确下来，为各个教学环节的具体设计提供指引。

（二）学生特征分析

学生特征分析主要是利用多媒体手段分析学生的初始状态，了解影响学生学习的个人因素，清楚学生要学习羽毛球新知识和新技能需要先具备什么样的知识和技能水平，把握学生原有知识结构与新知识之间的联系，发现规律，为学生学习羽毛球新知识和新技能提供启发。

（三）教学策略设计

在教学策略设计环节，将先进的教学媒体资源运用其中，以教学大纲、学生特征分析结果为依据对信息化羽毛球教学模式进行设计，并制定具体的模式运作流程，最终实现羽毛球教学效果的最优化目标。

（四）教学评价设计

如果没有教学评价，羽毛球教学设计系统是不完整的。评价是为了对基于多媒体的教学设计系统的结构进行调整与优化，使系统内各个结构部分处于最优状态，提升系统的整体功能。

三、高校羽毛球网络课程教学设计

羽毛球网络课程是一种开放式的课程模式，与传统教学的封闭模式不同。作为现代教育技术与羽毛球课程融合的产物，羽毛球网络课程为提高羽毛球教学质量和效果开辟了有效的手段和渠道。设计羽毛球网络课程，必然要以网络为平台，以实现学生自主学习为主要目的。下面重点对羽毛球网络课程教学设计的理论与操作展开研究。

（一）体育网络教学平台的优越性

1.能够体现"主导"与"主体"的作用

当前，在体育教学中，学生的自主学习能力普遍不高，采用的学习策略较为单一，学习策略的水平也不高，从而严重制约了自主学习的结果。构建体育网络教学平台，主要强调学生学习的自主性，要求学生根据自身情况对自己的学习目标予以确定，制订适合自己的学习计划，选择实用的学习方法，并对自己的学习过程进行监控，对学习结果作自我评价。可见，网络教学对学生的学习策略、学习方式非常关注和重视，充分体现了尊重学生的主体地位，引导学生发挥自身的主导作用。在体育网络教学中，教师作为发挥主导作用的重要角色，主要任务是让学生学会学习，对学生的学习能力进行培养。

在传统教学平台中，也就是课堂教学中，教师的主导地位非常明显，主导作用的发挥也是通过显性教学行为体现出来的，而在网络教学平台中，教师虽依然是教学主导者，发挥主导作用，但主导作用主要体现在一些隐性的教学行为中，比如课下进行教学设计、为学生创设良好的网络学习环境、设置能够引起学生好奇心的问题情境、留出时间与空间让学生自主学习和探究等。由此可见，网络教学平台以学生的学习为主，和传统课堂教学有着本质的不同。

网络教学平台的出现是对传统课堂教学的重大突破和挑战，该平台对学生学习和教师教学的影响主要是通过与传统课堂的对比体现出来的。具体而言，网络教学平台对教师教学的影响表现在以下几个方面。

（1）教师扮演的是学习的组织者和帮助者，不再一味机械式地传授知识和给出结论。

（2）教师为学生自主解决问题提供指导和帮助，如指出思路、创造条件、提供机会、给出建议等。

（3）教师能够采用个别指导法指导不同的个体，真正做到因材施教。

（4）教师采用的教学方法主要是培养学生的知识建构能力、信息获取与分析能力、实践能力。

网络教学平台对学生学习的影响表现在以下几方面。

（1）学生有比较强烈的主动学习意向。

（2）学生形成了内在学习动机，学习更持久。

（3）学生的学习效率显著提高。

（4）学生能够从学习中产生愉悦感。

（5）学生独立学习能力得到提升。

（6）学生分析与解决问题的能力明显提高。

（7）学生产生了一些具有批判性和创造性的思维。

（8）学生倾向于自主探索解决问题的方法，而不是被动接受结论。

总之，体育网络教学平台对教师的教和学生的学都产生了重大的影响，能够充分体现教师不一样的主导性和学生突出的主体性。

2.能够促进课堂内、外的互补与统一

体育网络教学平台突破了传统的以班级为单位的集体课堂授课的局限，促进了课堂空间的延伸，学生可以对信息设备终端自行操作，通过自主学习体验网络学习环境带来的愉悦感和满足感，使学习过程更顺利，效率更高。体育网络教学无论从时空上还是从教学内容和方法上，都与传统课堂教学互补，相互统一。通过课堂内外的互补，能够更好地拓展教学内容，突出教学重点，提高教学效率，优化教学效果，还能有更多的时间对学生的课外学习进行指导和监督，保证学生的学习效果。

体育网络教学平台实现课堂内与课堂外的互补、统一的优势还体现在为教师的课前准备和学生的课后复习提供了便利。上课前，教师可以利用网络技术设计电子教案，这样既节省了时间，提高了效率，而且也能使体育教师利用这个机会提升自己的信息化教学能力。此外，教师运用多媒体手段保存课堂教学资源，学生在课后可以利用终端设备继续学习与巩固，这能够为学生自主学习提供便利。学生课后复习与巩固时，教师也可以在线指导，帮助学生解决问题。在学期末或学年末进行教学总结时，将课堂教学与网络辅导相结合，能够更好地理清脉络、归纳问题、总结经验，从而向下一个阶段的教学平稳过渡。

构建体育网络教学平台，在促进课堂内与外统一和互补方面还体现在有助于对学生进行评价，能够更好地监控学生的学习过程，并根据学生的学习结果对课堂教学策略进行调整与优化。当完成某一教学任务后，可以利用网络的反馈技术来了解学生的学习情况、教师的教学效果以及教学目标的达成程度等，而课堂教学中存在的问题则能够通过学生在线交互情况、在线测验结果等方式体现出来，从而为教师改进课堂教学策略和模式提供真实可靠的信息。

3.能够节约与高效利用教育资源

传统体育教学中存在教学场地设施不足、专业师资不足、班级学生多而难以个别指导等问题，这显然对体育教学的顺利实施造成了不利影响，制约了最终的教学效果。构建体育网络教学平台能够解决传统教学中的一些问题，如促进教学器材设备利用率的提升，一定程度上解决了随意占用资源的问题；学生在网络教学平台上可以随时学习，能够解决传统教学中课堂教学时间短，教师不方便个别指导的问题。通过网络教学，还能促进教学资源共享，解决教学资源不足的问题。体育网络教学平台与传统课堂教学相比具有自身独特的优越性,具有传统课堂教学不可比拟的优势。构建体育网络教学平台,能够使学生通过随时自主学习掌握体育知识与技术动作,最终促进学生体育综合素养的提升。

(二)羽毛球网络课程教学设计的指导思想

开发设计羽毛球网络课程教学平台,需要遵循科学理论的指导,树立科学的指导思想和先进的教学理念。以下是能够为羽毛球网络课程教学平台的开发与设计提供重要指导的几种教育思想。

1.以人为本

羽毛球网络课程教学平台的开发设计应坚持以人为本这一重要教育思想,以学生的学习与发展为中心,必须根据学生的身心发展规律、身体健康水平以及羽毛球基础水平设计网络教学平台,要兼顾不同水平层次、不同个性特征的不同需求。此外,要通过选编恰当的羽毛球教学内容、采用丰富多样的网络教学手段来培养学生的学习兴趣,调动学生的学习积极性,并为学生学习羽毛球知识与技能创建优良的网络学习环境。

2.素质教育

素质教育倡导学校教育要关注学生的全面发展,既要促进学生身心健康发展,又要培养学生的实践能力,并促进学生个性的发挥。开发设计羽毛球网络课程教学平台要确立素质教育的指导思想,通过网络教学培养学生的羽毛球知识素养、技能素养,培养学生的意志品质、个性特征以及良好学习习惯,最终促进学生各项素质全面、平衡地发展。

3.理论联系实际

对羽毛球网络课程教学平台的设计还必须坚持理论联系实际这一科学思想的指导。具体来说,就是将贴近学生实际生活的、能够满足学生兴趣爱好和学习需求的羽毛球教学内容合理安排在网络教学的不同阶段,配合相应的教学方法,使学生充分掌握羽毛球理论知识和技术动作。

（三）羽毛球网络课程教学设计原则

网络教学有其自身的特征，有不同于传统教学的独特性，因此进行网络课程教学设计自然与传统课程教学设计有区别。在羽毛球网络课程设计中，教师应遵循教育学原理和心理学原理，并依据传播理论进行创新设计，具体在设计中要贯彻以下几条重要原则。

1.自主性原则

羽毛球网络课程学习活动是在师生分离的情况下实施的，学生作为网络课程学习的主体，主要学习形式是利用网络资源自学。所以要重视学生的主体地位和作用，体现学生学习的个性化特点，尊重学生自主学习的权利，发挥学生的能动精神。为提高学生自主学习能力，可为其提供灵活多样的检索方式、设计供学生随堂使用的电子笔记本、让学生构建作品和进行自我评价等。

2.交互性原则

在羽毛球网络课程教学中，师生不会面对面互动，师生处于分离状态，在此前提下进行网络教学。为了方便师生交流，使师生互动的效果不亚于面对面互动，在网络课程教学设计中要将网络技术的功能和优势充分利用起来，对虚拟教学环境进行创设，营造良好的网络教学氛围，为师生进行线上交流和讨论问题提供良好的条件。

3.开放性原则

随着现代信息科技的迅猛发展，尤其是信息存储技术、传输技术的发展与渗透，使人人都能遨游于知识的海洋中，每个人身边都有巨大的知识库，这充分体现了网络资源的开放性。利用网络的开放性进行羽毛球网络课程教学设计，为学生提供丰富的羽毛球学习资料，从多个角度描述与解释羽毛球学习内容，可以提高学生的拓展思维能力和分析能力。

4.多媒体化原则

不同的学生因为个人学习习惯的不同，在获取信息渠道的方面也有所差异，有的学生喜欢通过听来获取自己需要的信息，我们将其称为听觉性的学习者；有的学生喜欢通过观看图像、文字来获取和保留信息，我们称其为视觉性学习者。随着现代网络课程中计算机技术的深入渗透，使网络课程中的学习内容具有图、文、声、像并茂的特征，这对提高知识信息的传播效率和效果具有重要意义。

在羽毛球网络课程教学设计中，应该从学生的学习习惯、学习风格出发，以学习内容为中心，将知识信息以丰富的形式呈现与传播，使现代教学媒体的优势得到充分发挥，促进学生学习效率的提升和学习效果的改善。

（四）羽毛球网络课程教学平台功能模块的设计

设计羽毛球网络课程教学平台是一个复杂的系统工程，在这个工程中，功能模块的设计是重中之重，一个完整网络教学平台应该包含哪些模块，要根据教学目标和教学需要而定。下面简单分析羽毛球网络课程教学平台中几个比较重要的功能模块。

1.教学内容呈现模块

该模块包括课程简介、教学大纲、教学内容、教学章节和知识点、学习目标等，内容的组织结构、呈现方式应直观一些，便于浏览。教学内容的呈现应该具有系统性、逻辑性和层次性，内容必须准确无误，适当简洁一些，与学生的认知水平相符。

2.教学管理模块

教学管理模块包括以下两方面的管理。

（1）教务管理

教务管理的内容包括注册登记、学生个人账号和密码、权限设置、个人学习资料、学习情况、问题记录、考试成绩统计与分析等。在教务管理中，也可以告知学生相应的管理信息、教学要求等信息，做好沟通，使学生配合管理，为教学和管理提供方便。

（2）教学管理

教学管理模块主要是公布课程教学要求、主要教学内容、教学重难点、教学阶段安排等。学生可以根据课程教学要求，为自己制订学习计划。在教学管理模块的设计中要考虑与教务管理的协调统一，将其打造成为教学服务性信息交流辅助系统，具体要结合课程实施的条件和实际教学需要而进行，可以选择的辅助呈现方式有论坛、公告等。

为配合教学管理的顺利实施，还需要设计严密的系统管理功能模块，具体管理内容涉及用户账号管理、用户授权和认证管理、网络故障管理、网络安全管理等。

3.交流讨论模块

羽毛球网络课程教学平台为羽毛球教师和学生搭建了畅通便捷的交流平台，营造了平等和谐的教学氛围，教师与学生之间可以实现无阻碍交流和互动，可以反馈教学信息，及时解决问题。此外，教师和学生还可以相互评价，向对方给出建议或提出意见，从而共同促进羽毛球网络教学的顺利实施及良好教学效果的获取。师生之间进行交流、互动、评价的网络工具主要有QQ、微信、腾讯会议、超星慕课等。

4.资料区模块

资料区功能模块主要呈现的是与羽毛球教学内容相关的丰富资料，既有教师需要的教学资料，也有学生需要的学习资料，如教学视频、学习网站等，该模块提供的资料可成为基本教学内容的延伸与拓展内容，应该是丰富有趣的，有教育价值和实用性的，能够吸引教师与学生主动获取和学习，从而拓宽师生的视野，提高教师的专业教学能力和学生的羽毛球综合素养。

（五）羽毛球网络课程教学设计的注意事项

在羽毛球网络课程教学设计中为保证设计的科学性和实用性，要对以下几方面的问题加以注意。

1.注重教育理论的科学指导

传统羽毛球课程教学中，师生面对面互动，教师可以根据实际情况实时调整教学过程。羽毛球网络课程教学中，师生分离，教师难以根据学生的学习情况在第一时间调整教学活动。为了弥补网络课程教学的这一不足，防止不断出现意外情况，在网络课程教学设计中要坚持现代教育理论的科学指导，使课程设计与学生的特征、需要高度契合。

在羽毛球网络课程教学设计中，建构主义学习理论、认知主义学习理论、行为主义学习理论等都是非常值得参照的现代教育理论，这些理论的不断发展与成熟对羽毛球网络课程教学设计与实践起到了重要的指导作用，除了参考这些教育理论外，在教学设计中引进心理学领域的新观念也是非常必要的，这对完善教学设计具有重要意义。

2.按照网络的特点进行设计

随着现代远程教育的不断发展，网络课程作为一种新的课程形式在高校教育中渐渐得到普及与推广。网络课程的特点是以网络为教学媒体，教学活动中以呈现学习内容为主。

有学者指出，任何学科的教学过程的结构要素都可以概括为6个方面，分别是教学目标、教学内容、教学媒体、教学方法、社会文化的先决条件（多指社会意识形态、政策、环境等）以及个体的先决条件（多指学生的个人情况）等。不管是传统课程还是网络课程，在教学过程中涉及的内在结构要素不外乎就是这几个方面，但传统课程与网络课程毕竟是两种不同的课程形式，它们的结构因素也存在本质上的区别，教师着手羽毛球网络课程教学设计时，必须按照网络的特征去设计，发挥网络的优势，体现各个结构要素的网络化特征。

3.清楚学习者的特点和需要

羽毛球网络课程教学在培养学生综合素养方面具有重要作用。在网络课程教学中，学生作为学习主体利用网络资源进行自主学习，这是主要学习方式。认知心理学理论指出，简单地从外界接收知识并不意味着就获得了知识，面对复杂的外界知识时，学生若能够自主选择信息，主动理解信息，才能实现意义学习，才能真正获得知识。学生的认知结构是其进行意义学习的基础，学生先获得的知识会影响其之后对其他外界知识的学习与获得。从这一原理来看，在羽毛球网络课程教学设计中，教师对学生学习特征、学习需要进行分析非常必要。

教师必须基于对学习者特征与需要的了解来设计网络课程教学，网络课程的教学起点应该放在学习者原有的知识水平和认知结构上，在此基础上考虑网络知识结构与学生认知结构是否协调、适应，从而保证学生更好地接收与理解新知识，完善原有的认知结构，并在获得新知识的同时建立新的认知结构。

总之，在羽毛球网络课程教学设计中，必须从学生的学习特征、学习需要出发对课程内容、学习活动、学习评价方式进行设计与确定，从而更好地保证学生通过自主学习而顺利达到学习目标。

4.加强多方合作

羽毛球网络课程的教学过程主要包括设计和开发学习资源、学习支持这两个阶段。其中，设计与开发学习资源需要多方合作才能实现。在这一阶段，设计者要先全面了解学生的学习特点、学习需要，然后科学合理地设计学习内容，并邀请经验丰富的优秀羽毛球教师或教练员筛选学习内容。在现有网络环境下，教师设计的网络课程能否顺利实施，选择的媒体能否充分发挥预期作用，课程开发的成本是否在预算范围内等，这些都需要相关专家的参与才能达到令人满意的效果。可见，在羽毛球网络课程教学设计中必须重视多方合作，发挥有关领域专业人士的积极作用。

（六）学生网络自主学习系统设计

在网络技术支持下形成的网络教学时空环境中包含了课程、资源、教师、学生等教学要素，这些要素是通过技术平台和交互平台被集成到一起的。网络教学时空环境具有明显的开放性、交互性、灵活性以及共享性，基于网络环境的自主学习对培养学习者的综合能力及提升学习者的学习效率具有重要意义。基于网络的自主学习与传统意义的自主学习有明显的区别。传统的自主学习以课堂学习为主，强调学习者能动性的发挥和学习中的自我调整，以学习者、学习资源、学习方法、教师为主要因素。基于网络的自主学习则以学习者、网络学习资源、网络学习环境、教师等因素为主，可见网络环境下的自主学习其支持服务系统的辐射范围更宽泛。

传统教学中教学内容的线性结构通过网络资源组织技术的加工而发生了显而易见的转变，该技术具有超媒体、超文本等特征，以超媒体节点、超文本节点为链接的知识微结构逐渐取代了传统固定的线性知识结构，这体现了传统自主学习在组织形式上的重大变化，在新的组织形式下，学习者不再被传统知识结构牢牢束缚，而能根据自己的需要重新组织知识内容，形成新的结构，这对培养学习者的思维能力、学习能力都有重要影响。

1.网络自主学习系统的基本结构

（1）网络自主学习系统的自适应性

自适应性是网络自主学习系统的重要特征与功能之一，不同个体的自主学习存在一定的差异，包括因人而异、因时而异等，自适应性指的就是针对这种差异而提供与个体特征相符的学习支持。

从本质上来看，自适应学习就是个别化学习。网络自主学习系统具有自适应功能，该系统要满足下列准则才能充分发挥与实现这一功能。

①具有超文本性、超媒体性。

②有稳定的用户模型，使用该用户模型向超媒体系统提供自适应性。

（2）网络自主学习系统的技术与结构

①技术

从网络自主学习系统的自适应性功能来看，其具有下列两个非常重要的技术。

自适应技术：基于网络的自主学习系统中，其自适应性一方面表现在结构上，另一方面表现在内容上，这两个方面的自适应表现各自对应一种自适应技术，结构方面对应的自适应技术是自适应导航；内容方面对应的自适应技术则是自适应展示。

用户模型：用户模型也是网络自主学习系统的技术内容之一，它指的是一种能够将系统用户个人特征充分体现出来的技术模块，具体包括教师模型和学生模型两种。

②结构

网络自主学习系统的组件主要有下列3个。

领域模型：这一模块包含与学习内容有关的所有信息。

学生模型：学习者的信息主要存储于这一模块，该模块将学生的信息数据提供给教学模型。

教学模型：该模块以上一模块提供的信息和学生的不同需要为依据而对学生后面的学习活动作出决策。

综合上述分析，网络自主学习系统的结构模型如图3-4所示。

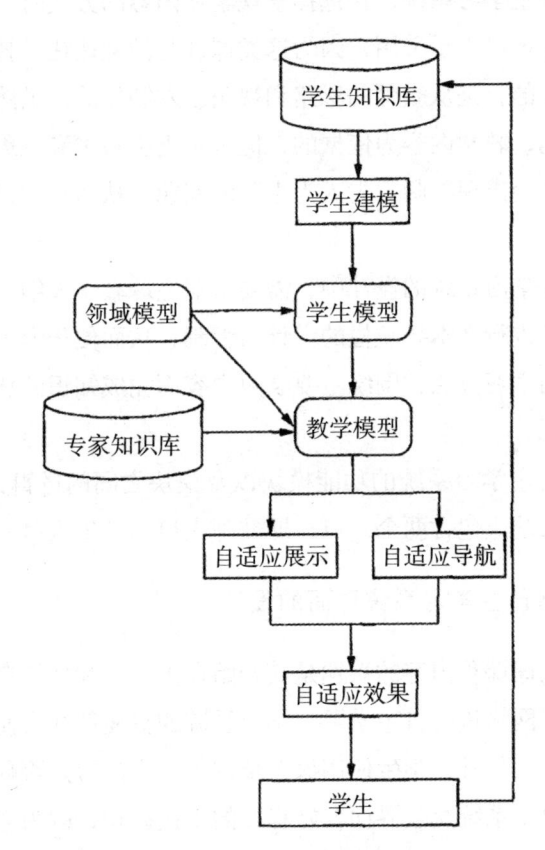

图3-4 网络自主学习系统的结构[①]

---

① 阿英嘎.信息技术与体育教育专业课程整合[M].南京：南京师范大学出版社，2010：120.

2.学生网络自主学习系统的设计思路

在羽毛球教学中,教师和学生比较熟悉的教学过程是课堂教学、学生练习、测试评价,这里以师生都熟悉的教学过程为基础来设计简单实用的自主学习系统,要保证学习系统的简易性、实用性,就要尽可能从基础的、普遍的设计软件来着手设计,将现有成果充分利用起来,不过分追求美观的页面和多元的网络技术,而以促进学生学习效果的提升作为重点。之所以保持这样的设计理念,是为了进一步促进信息技术与羽毛球课程的融合,为此探索一条易掌握、易实现的途径。

设计网络自主学习系统,在选择呈现学习内容的方式时,对电子文本的教案或教学课件可以不予采用,因为这类课件与教案往往是教师根据自己的理解、经验设计的,是从教师的思路和视角出发制作的,虽然教师在设计时也是以教学目标、教学内容为依据的,但也不乏主观主义色彩,这样在学生自主学习中不免会出现教师"先入为主"的问题,从而与"以教为主"的教学系统无异。

在网络自主学习系统的设计中,需要从羽毛球教学大纲、羽毛球教材的主要知识点出发进行文本导航栏的设计与编制,从而便于学生根据自身需要选择适合自己的学习方法,围绕主要学习内容而完成知识的意义建构,以顺利实现学习目标。

学生网络自主学习系统的功能模块以及模块之间的逻辑关系如图3-5所示。自主学习系统应包含两个入口,即教师入口和学生入口。

3.学生网络自主学习系统界面的设计

学生对羽毛球课程内容的兴趣是其开始自主学习和持续自主学习的内在动力。学生基于网络进行自主学习,学习系统的页面往往会使学生产生第一印象和即兴看法。另外,学生使用该系统进行自主学习是否顺利、学习效果是否满意,主要受系统交互界面友好程度的直接影响,因为它是用户与计算机交换信息的重要通道。

一般来说,应按照简洁实用的原则来设计自主学习系统的界面,不重要的元素尽量不要出现在系统界面中,否则会分散学生的注意力,导致学生本该集中在学习内容上的注意力分散到其他地方。

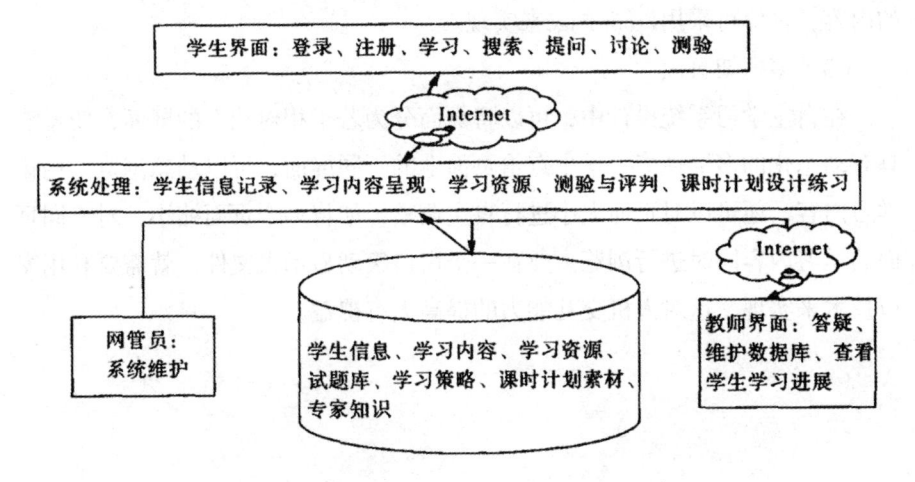

图3-5 网络自主学习系统功能模块的逻辑关系[①]

下面具体从三个方面分析羽毛球信息化教学中对学生网络自主学习系统界面的设计与制作。

（1）导航栏

在自主学习系统设计中，导航的作用是举足轻重的，建议系统设计中用直观形象的树状结构来设计导航栏，学习内容的章标题以超文本形式呈现出来，用户点击每章标题时，这章内容包含的节标题就会展开，这样学生对教材内容的目录结构一目了然，直接选择要学习的内容。被选中的章节文字颜色会发生变化，以与其他章节相区别。

为便于用户与系统的对话，建议采用多级菜单方式，这是比较基础的方式，用户即使对学习系统不熟悉，也能自主操作。

（2）学习内容呈现

用户点击某一节点时，便会出现该节点的下级节点，而且选用章节的页面内容也会出现在对应的框架中，以这样的方式呈现学习内容可以避免学生逐个点击页面寻找自己需要的内容，防止学生"迷航"和浪费时间。要为自主学习系统赋予这样的功能，就要采用嵌入式框架来展现导航栏中相应章节

[①] 阿英嘎.信息技术与体育教育专业课程整合[M].南京：南京师范大学出版社，2010：121.

的内容，具体可采用Front Page来实现。

（3）多框架页面

在自主学习系统设计中，可以将页面分为若干相对独立的屏面，使系统具有动态化的多屏性能。学生点击页面上的不同屏面，可以动态浏览结构化学习内容，还可以对页面大小进行自主调整，如将多个页面缩小，对不同页面的学习内容同时进行浏览。要在一个窗口滚动显示大文件，就需要利用窗口技术来实现，这对人机交互能力的提高大有裨益。

第四章

体育核心素养导向下高校羽毛球教学要素设计

在高校羽毛球教学中培养大学生的体育核心素养，关键在于教学设计，好的教学设计可以提高羽毛球课堂教学效率，从而达到培养大学生羽毛球运动技能和核心素养的良好教学效果。羽毛球教学设计是一个系统化的过程，这个过程包括相关分析、教学目标设计、教学内容设计、教学方法设计、教学模式设计以及教学评价设计等环节，各环节共同作用、相互交织，为落实培养大学生体育核心素养的目标任务而服务。本章重点对这些环节的设计工作进行研究。

第一节 体育核心素养导向下高校羽毛球教学设计的特征

一、体育核心素养导向下高校羽毛球教学设计的理论基础

（一）泰勒原理

《课程与教学论基本原理》（泰勒著）被认为是现代课程理论的奠基石。泰勒原理在本质上包含四个问题，并且存在一定的顺序过程，如图4-1所示。这四个问题演化为课程设计理论的四要素：课程目标的选择、课程内容的确定、课程内容的组织实施、课程评价，其中目标的确定是最为关键的环节。泰勒原理认为目标的确定不是随意的，而是要经过"筛子"过滤后确定符合现实情况和学生需要的目标。

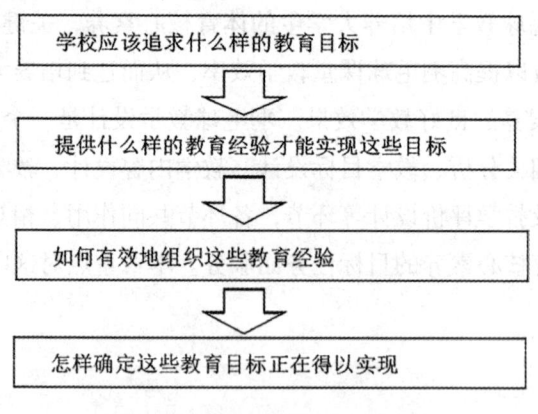

学校应该追求什么样的教育目标
↓
提供什么样的教育经验才能实现这些目标
↓
如何有效地组织这些教育经验
↓
怎样确定这些教育目标正在得以实现

图4-1 泰勒原理的四个问题[①]

[①] 贺新家.基于学科核心素养的大学体育课程设计研究[D].武汉：武汉体育学院，2022：36.

（二）逆向设计原理

逆向设计是威金斯和麦克泰在泰勒目标模式基础上持续深化的研究，逆向设计注重学生对所学知识的理解，评价前置。逆向设计原理如图4-2所示。

确定预期目标 → 确定证明学生实现预期目标的证据 → 选择学习经验与组织教学

图4-2　逆向设计原理[①]

课程逆向设计遵循的程序，首先在于明确预期学习目标（确定目标），随后，需探究如何有效评估学生已经掌握了所学知识（评价），最后，为了完成目标我们应该采取何种措施（选择学习经验与组织教学）。这种思路逻辑上是合理的、顺向的，但与传统的课程设计相比却是逆向的。

结合逆向设计的原因是，针对体育核心素养中的隐性因素，使确定的课程目标指向更清晰明了。健康行为和体育品德是包含隐性因素最多的两个素养，其目标的达成很难测量和量化。但是又如何确定学生已经形成这方面的素养呢，或者是已经理解了呢？可以根据逆向设计评价前置，确定一系列评价标准或方法，来评价学生是否达到了预期目标。也就是说，逆向设计的运用更能清晰地指出目标的实现结果。

---

① 贺新家.基于学科核心素养的大学体育课程设计研究[D].武汉：武汉体育学院，2022：37.

二、体育核心素养导向下高校羽毛球教学要素设计的基本特征

（一）羽毛球教学目标的核心化

体育核心素养是体育独有的育人价值。在高校羽毛球教学中促进学生形成体育核心素养，与教学目标的制定有高度相似的关系。

教学目标已从"三基"转变到了"核心素养"，注重的方面从技术的学习转向了技能、健康知识与德育为一体的体育核心素养，体育核心素养所包括的运动能力、健康行为、体育品德三个方面不是教师通过传统的"灌输式"教育可以生成的，教师需要找好自己在学生学习过程中的定位，适时地在学生学习过程中进行渗透，从而使学生在自主的体验和练习过程中逐渐形成体育核心素养。

教师有计划地启发和引导，体现了教师在教学过程中对教学设计的实施。教师首先将体育核心素养贯穿到教学目标中，明确教学的目的是促进学生形成体育核心素养，教学目标引导着教师对整个羽毛球教学过程的设计，明确了羽毛球教学的目标，那么在羽毛球教学设计的过程中，就有了准确的方向，最后就是在教学实践的过程中，将教学设计付诸实际，从而真正地促进学生形成体育核心素养。

（二）羽毛球教学内容的综合化

在高校羽毛球教学中，只注重学生掌握运动技能是远远不够的，更重要的是学生在以后的生活、学习当中能否来合理灵活地运用所学的技能。

在高校羽毛球教学过程中，教授单个的羽毛球技术动作已经不能满足学生的需求，由于单个技术动作的学习过程中往往会出现单一、重复的练习，容易让学生产生枯燥的心理，从而对所学动作不感兴趣甚至产生厌恶心理。因此，要进行综合内容教学，将羽毛球技术动作进行组合、将技战术串联在教学过程中，使学生不仅学习单一的技术动作，还可以在综合学习中发展体

育核心素养，也可以将技术动作与学生的实际生活相结合进行渗透式教学。

（三）羽毛球教学方法的情境化

体育核心素养下的教学过程不再是以教师讲解示范，学生模仿练习的方式了，更多的是注重学生的主体地位和主动性，教师的角色不再是单一地传授技能，而是当学生在学习过程中遇到问题时，及时地给予帮助。

学生在学习过程中更多的是进行自主练习，通过情境化的教学方式，引导学生明白自己在学习中的定位，使学生在自主练习中体验正确的羽毛球技术动作，在比赛中学会正确运用所学，通过团队协作、公平竞争，发展团队合作意识和拼搏能力，使学生在比赛的过程中学会对自我、对团队、对对手负责，通过高效的团队合作共同赢取胜利。

俗话说"教无定法、贵在得法"。在教学过程中并没有统一的教学方法，而是需要教师在课堂教学中积极运用自己的聪明智慧挖掘出课堂的内涵，与学生一起将课堂营造成一个生动活泼的学习空间，使学生在课堂中不仅学到知识和技能，而且使身体得到锻炼、意志得到培养。大学生正处于个性发展阶段，所以在教学方法的运用中要充分保证学生的个性得到发挥，使教学活动朝着生活化、合作化发展，创设情境使学生能够在合理掌握羽毛球技能的基础上得到进步和提升。

（四）羽毛球教学评价的多样化

在高校羽毛球教学中，评价没有唯一的标准。评价不仅可以衡量学生在羽毛球教学中的学习效果，也是指引学生完成学习任务的导向，以往的评价依据学生在规定条件的测试中达到的程度给出评价结果，更多的是注重学习的结果。结果性和终结性评价只能给学生这段时间的学习下一个定义，对学生进步的衡量是没有起到作用的。

在高校羽毛球教学评价中，更应该关注学生对自己的评价，不同的学生，身体素质和运动能力是不同的，运用统一的标准来衡量学生是不可行的，在教学中设计不同程度的练习，使学生依据自己的能力选择不同的练习方法，同时，教师鼓励学生努力练习，并且激励学生向更高难度挑战。

在高校羽毛球教学评价中，将评价的权力交给学生，让学生充分认识到自己的能力以及自己的进步，同时，通过学生之间的互评，激励学生共同进步。教师在这个基础上肯定学生的进步，最后给予学生公正的评价。

三、体育核心素养导向下高校羽毛球教学设计的基本原则

（一）基础性原则

体育核心素养的"核心"二字表明获得的素养是关键的、核心的与少数的，这是学生通过体育课程的学习必须具备且必须拥有的。学科素养是学习者对特定学科的深入理解，涵盖了基础知识、基本技能、基本能力、科学的世界观，以及能用科学态度与方法来判断并解决学科问题的能力。体育学科核心素养主要包含三大方面，它们构成了学生学习本学科其他内容的基础，尤其是运动能力，体育学科中运动能力是基础，是培养其他能力的根基。学校体育秉持着"健康第一"的指导思想，身体是实现一切理想和目标的根基，而以"学生发展为中心"的理念，是着眼于学生现实生活和未来发展的需要。

以体育核心素养为核心的羽毛球教学设计要充分落实党的十八大以来要求的立德树人的根本任务。以运动能力、健康行为、体育品德三方面为核心的体育课堂不仅强调学生对运动技能的掌握，更兼顾学生生活能力的养成与优秀品格的培养，做到立德树人，健身育人，这也是高校羽毛球教学设计在体育核心素养理念下必须遵循的基础性原则。

（二）人本性原则

我国教学改革经过一番尝试之后，已经从之前注重结果教学向注重过程

教学转变，教学主体也从社会本位向学生本位转变，现在学校教育都是为学生发展服务，以学生为中心。国家提出的立德树人的育人任务也是为了学生更好地融入新时代社会生活，以学生未来生活发展为出发点。体育核心素养强调培养学生最基本的素养，不仅包括学习内容本身，就学生个体而言，体育核心素养中的健康行为和体育品德更多的是培养学生做人的品格和生活的态度，为其未来更好地融入社会奠定基础。

体育课程是落实立德树人的重要途径，也是落实体育核心素养培养任务的重要载体，羽毛球作为高校体育课程的重要组成部分，同样承载着这一使命。高校羽毛球教学设计贯彻人本性原则，突出了以大学生发展为中心的理念，对大学生而言以人为本的培养理念是为其未来生活铺垫，就社会而言体育核心素养的人本性能使大学生更好地向社会人的角色过渡。

（三）操作性原则

培养大学生的体育核心素养是一种理念化、抽象化的培养目标，培养目标的达成需要通过实践活动转化成具体的素养。体育课程是使体育核心素养成为学生具体能力的关键，体育教学是体育学科核心素养转化为学生基本素养的重要途径。因此，体育核心素养在体育教学活动中必须是可操作的，是教师可以教、学生可以学的，尤其是在特定情境教学中可以用具体的方式展现出来的，并能够以有效的方式进行评价。最终通过一系列体育课堂实践，体育核心素养可以成为学生必定能够获得和实际运用的能力。因此，作为高校体育课程教学的一部分，羽毛球教学设计过程中必须遵循操作性原则，使大学生在羽毛球课堂上实现体育核心素养向实际能力的转化。

第二节 体育核心素养导向下高校羽毛球教学目标的设计

羽毛球教学目标是羽毛球教学体系的重要组成部分，是羽毛球教学的起点，是羽毛球教学过程实施的前提。它明确了羽毛球教学的方向，是羽毛球教师和学生在教和学的过程中都要坚持的基本导向。在科学合理、可操作的教学目标的指向下，教师与学生相互沟通、协作，协同完成羽毛球教学任务，从而提升课堂教学效率和质量。因此，在高校羽毛球教学设计中，要以教学目标的设计为起点，从而为教学内容、教学方法、教学评价的设计奠定基础和提供参考。

一、体育核心素养导向下高校羽毛球教学目标设计的原则

（一）整体性原则

一般来说，在教学设计中，要从教学目标、人才培养目标、教学对象的特点、教学内容与实际教学条件等诸多因素出发来设计教学目标。在体育核心素养的导向下设计高校羽毛球教学目标，要对羽毛球教学培养大学生体育核心素养的作用与价值予以整体把握，从基本认知、运动技能、体育品德、健康促进等多方面整体设计教学目标，这对全面达成羽毛球课程培养大学生体育核心素养的目标具有重要意义。

（二）层次性原则

在设计羽毛球教学目标时，要求模块教学目标、单元教学目标和课时教学目标之间层层衔接，合理分解上层教学目标，细化下层教学目标，做到上下层教学目标的整体协调。设计模块教学目标和单元教学目标要以学段教学目标和水平教学目标为依据，合理分解学段与水平目标，主要目标和次要目标要分清，在目标描述中详略得当。微观层级的教学目标，如课时教学目标必须具有直观指向性，并且前后两个相邻课时的教学目标要紧密联系、衔接得当。

（三）可量化原则

在高校羽毛球教学目标设计中，课时目标必须明确、具体，要用简洁的文字恰当地表述教学目标，并确保教学目标可操作、可实现。通常一个课时的教学目标有3个左右。在上课时要让学生清楚本节课的教学目标，然后有针对性地学习。教学目标可量化也能为教学评价提供便利，可以通过定量评价获得客观的教学反馈。

二、体育核心素养导向下高校羽毛球教学目标设计的维度

在高校羽毛球教学目标设计中，要密切结合羽毛球教学特点、体育核心素养的内涵来设计具体目标。羽毛球教学目标不是单一的，包含不同的维度，也就是在不同领域都有明确的教学目标。

有学者将体育教学目标划分为四个维度，分别是体育认知、运动技能、体能和体育情感，各维度教学目标的侧重点有所不同，具体体现如下。

（1）体育认知领域的教学目标是指学生掌握与运用体育和健康相关知识的目标，包括两大部分：一是运动认知的目标，二是健康认知的目标。

（2）运动技能领域的教学目标是指学生掌握和运用基本动作、不同体育项目技术动作的目标，旨在培养与提升学生的基本运动能力。这一领域的目

标要通过两大部分反映出来：一是技战术运用，二是体育展示和参赛表现。

（3）体能领域的教学目标主要是指学生身体素质发展的目标，该目标旨在培养与提高学生的健康体适能、运动体适能，并使学生掌握与运用体能原理和方法。

（4）体育情感领域的教学目标主要包括德育情感和价值情感两个方面目标。

上述四个维度的体育教学目标与体育核心素养的内容基本对应，如图4-3所示。在体育核心素养导向下设计羽毛球教学目标，同样可以参考这四个维度，并结合对应的体育核心素养的内容进行具体的目标描述。

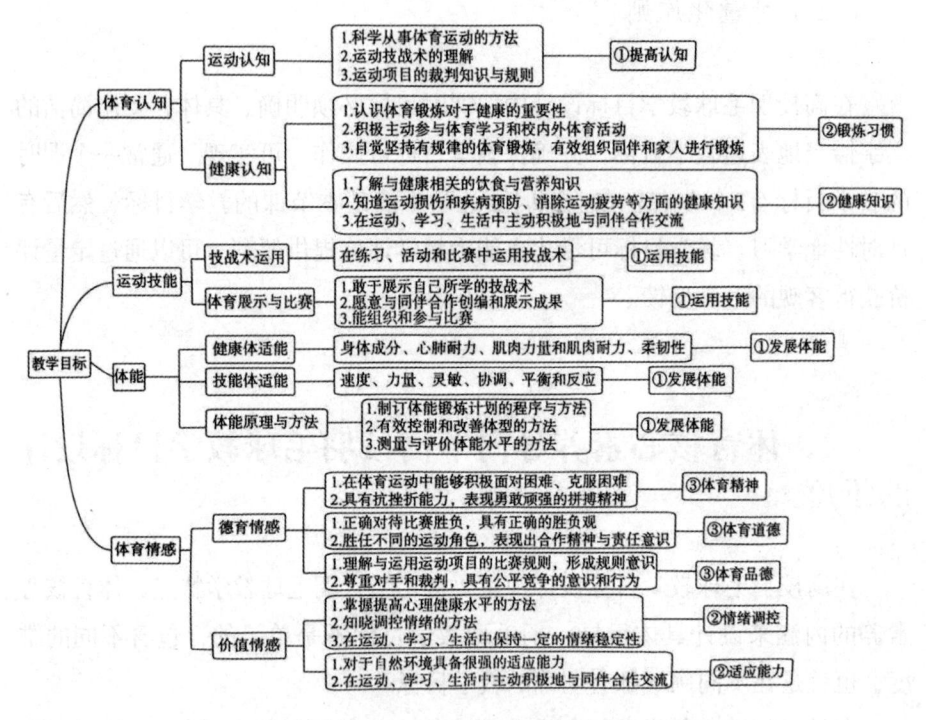

图4-3 体育教学目标与体育学科核心素养对应图[1]

注：右侧方框中的内容对应体育核心素养的内容；①代表运动能力；②代表健康行为；③代表体育品德。

---

[1] 董翠香，田来，杨清风.核心素养导向的体育与健康教学设计[M].上海：上海教育出版社，2020：99.

三、体育核心素养导向下高校羽毛球教学要达成的目标

高校羽毛球教学要以教师为主导、以学生为主体，本着这一原则设计教学目标，要明确通过教学使学生学到什么，掌握什么，发展哪些素质，达到什么程度。从这一思路出发，基于体育核心素养的高校羽毛球教学要达到的目标及对应的核心素养培养目标见表4-1。

表4-1 体育核心素养导向下高校羽毛球教学的目标[①]

体育与健康学科教学目标	体育核心素养达成目标
在教学开始阶段，通过对羽毛球理论知识的教授与模仿练习，使学生拥有健康的体魄，掌握基本的跑、跳、投等运动能力	在运动能力素养方面使学生发展体能、引发思考，并能够对运动效果做出合理的评价
使学生学习握拍、移动步伐、发球、接发球等基本技术，了解羽毛球比赛规则	在运动能力方面提升运动技能，增强体能，掌握羽毛球比赛规则，善于思考，合理进行训练
在教学过程中适时地组织羽毛球技能竞赛，激发学生的练习热情与积极性，调动学习氛围。引导学生处理肌肉紧张等运动后的身体恢复问题	在健康行为方面以学生为主体，引导学生及时了解自身的身体情况，加强对情绪的控制与调节，养成积极的锻炼意识与习惯
在教学过程中进行羽毛球比赛，增强学生的规则意识，让学生积极进取，敢于提出问题，并培养学生的团队意识与能力	在运动能力方面引导学生了解近年来国内外的羽毛球运动竞赛，并从专业的角度说出其中包含的意义，增强学生的鉴赏能力； 在体育品德方面培养学生正确看待比赛中的失败与胜利，做到不骄不躁，同时培养学生勇于拼搏、积极进取的精神。在比赛中学会与他人沟通，尊重他人，公平竞争

---

① 刘梓贺.基于学科核心素养的高中羽毛球模块教学设计与实践研究[D].伊犁：伊犁师范大学，2022：50-51.

续表4-1

体育与健康学科教学目标	体育核心素养达成目标
在羽毛球教学中培养学生自主探究、合作学习的意识，促进学生之间的沟通协作，引导学生提出问题、解决问题，在探究中成长	在运动能力方面提高学生发现问题、解决问题的能力，合理安排训练负荷，增强身体素质 在体育品德方面培养学生迎难而上、不畏困苦、团结协作、突破自我的精神与毅力
在提高身体素质与羽毛球技能水平的同时，注重教师评价和学生自评与互评相结合	在课堂中以及日常的学习中将核心素养的三方面内容融会贯通，形成整体，促使学生全面发展

第三节　体育核心素养导向下高校羽毛球教学内容的设计

一、体育核心素养导向下高校羽毛球教学内容设计的原则

（一）科学性原则

高校羽毛球教学以学生参与羽毛球活动为基本特征，羽毛球活动内容的设计要满足不同学生的需求。这就要求在羽毛球教学内容设计中贯彻科学性原则，从大学生的身心特点、认知规律、羽毛球水平以及体育核心素养培养的要求等方面出发确定教学内容，难度不同的教学内容要合理搭配，不同教学内容的实施顺序也要合理安排，基本原则是由易到难循序渐进地进行设计与安排，所选教学内容要有利于培养大学生的体育核心素养。

（二）趣味性原则

大学生对羽毛球教学内容的接受程度与教学内容本身的趣味性直接相关。有趣的教学内容更容易被接受，能够调动大学生的学习兴趣，并使大学生在学习过程中获得良好的情感体验，最终学习效果也比较理想。因此，在体育核心素养视角下设计羽毛球教学内容，要贯彻趣味性原则，挖掘有趣的羽毛球教学内容资源，并联系大学生的生活经验开发教学内容资源，以充分调动大学生在羽毛球课堂上的学习积极性，促进其健康行为的形成与保持。

（三）德育性原则

基于体育核心素养的高校羽毛球教学设计要注重培养大学生的体育道德、体育品格和体育精神，因此羽毛球教学内容设计要符合立德树人的教育要求，要挖掘羽毛球教学内容中的思政元素，将课程思政理念融入羽毛球教学内容的实施中，从而有效培养大学生的体育品德，塑造良好的体育精神，促进大学生体育核心素养的内在提升。

二、体育核心素养导向下高校羽毛球教学内容的安排

羽毛球教学内容是实现羽毛球教学目标的重要载体，因此要以羽毛球教学目标为依据设计羽毛球教学内容，并且在教学内容的具体安排中对学校教学条件和学生全面发展需求进行综合考虑。对羽毛球教学内容的具体选择与安排要遵循目标统一性原则，同时要严格贯彻科学性、趣味性和德育性原则，但不能一概而论、死板教条，而要合理选择和灵活实施，改变以往教学内容枯燥单一的局面，简化一些难度较大的、让学生望而生畏的教学内容，并在教学内容的实施中对负荷强度进行合理控制，尽可能将教学内容融入学生日常学习中，调动学生的兴趣和积极性，营造良好的羽毛球学习氛围，培养学生的良好运动习惯，使学生树立终身学习的意识。

高校羽毛球教学内容既包括理论内容，也包括实践内容，只有将理论内

容与实践内容加以整合，合理安排比例，使二者相互作用、相辅相成，才能实现培养学生体育核心素养的教学目标，丰富学生的运动与健康知识，使学生形成良好的运动行为习惯，并培养学生的体育品德，提升学生的运动能力。

基于上述分析，作者认为可以在体育核心素养导向下进行高校羽毛球教学设计时，主要安排如下教学内容：理论部分主要安排羽毛球运动的起源与发展、羽毛球运动装备与场地设施、羽毛球竞赛知识与裁判法等内容；实践部分主要安排正反手握拍、正手发后场高远球、正手发网前小球、正手击高远球、正手蹬跨步击高远球、正手挑球、反手挑球等技术内容。

除了上述理论与实践内容的合理安排外，每节课的准备部分还要安排身体素质练习，包括一般身体素质练习和羽毛球专项身体素质练习，以增强学生的体能，提升学生的运动能力，并使学生快速进入学习状态。所以，身体素质训练也应该纳入羽毛球教学内容体系中，并在每节课的准备部分合理安排，也可以在羽毛球技术教学中穿插身体素质训练的内容。

第四节　体育核心素养导向下高校羽毛球教学方法的设计

教学方法的选用是否合乎逻辑、是否适用于实际课堂教学，将影响到学生的学习效果。选择合适的教学方法有利于提高学生对羽毛球运动教学内容学习的积极性，使学生能够在学习过程中与教师积极沟通与协调，提升课堂学习效率和自身运动水平。

传统羽毛球教学方法以基本的讲解法、示范法和练习法为主，师生之间交流和探讨的互动时间较少，如学生自主进行大量的挥拍练习后，再进行喂多球等练习，大量重复练习虽然有一定的实用性，能够保证学生技术的熟练性，但整个过程相对来说比较枯燥，缺乏创新，学生易产生厌烦情绪，而且学生一直重复挥拍，缺乏主观能动性练习，没有自主思考的空间，会影响技术动作记忆的深刻性和牢固性，也会影响学生对羽毛球运动的学习热情和参与积极性。在体育核心素养视角下进行羽毛球教学方法设计，必须解决以上这些问题，加强教学方法的创新设计与灵活应用。下面主要从两个方面探讨体育核心素养导向下高校羽毛球教学方法的设计与应用。

一、不同教学阶段的教学方法选用

为更好地培养大学生的体育核心素养，在高校羽毛球教学中要根据不同教学阶段的教学目标、教学任务、教学内容等因素来合理选用相应的教学方法，策略如下：

（1）在前期进行羽毛球理论知识的讲解时，采用以语言传递信息以及直接感知为主的教学方法。

（2）在中期进行正手握拍、反手握拍、正手发后场高远球、正手发网前小球等基本技术动作的教学时，采用以探究活动为主的教学方法。

（3）在后期进行正手击高远球、正手蹬跨步击高远球、正手挑球、反手挑球等较为复杂的技术动作的教学时，采用以身体练习及探究活动为主的教学方法，结合相应的课堂活动加强学生之间的交流与学习，为全面发展学生的体育核心素养找寻有效的课堂教学策略。

二、对比教学方法

对比教学方法指的是将全体学生分为实战组和对照组两部分，实战组采用体育核心素养导向下的教学方法，对照组采用传统的灌输式教学方法，最后对比两个组的教学效果，从而发现传统灌输式教学方法的弊端，提高对改革教学方法的重视，并在教学过程中灵活调整教学策略，围绕体育核心素养的培养目标和具体内容设计新颖、可行的探究式教学法、合作教学法、竞赛教学法、游戏教学法。

第五节　体育核心素养导向下高校羽毛球教学模式的设计

一、体育核心素养导向下高校羽毛球教学模式设计的思路

（一）以培养体育核心素养为引领，明确教学目标，优化教学模式的运用过程

羽毛球教学活动开展需要始终以教学目标为指向，所有教学活动的宗旨都是实现教学目标。高校羽毛球教学中要以培养大学生的体育核心素养作为教学目标和教学活动开展的重要基础。构建与实施羽毛球教学模式的根本目的是实现整体教学目标，包括运动技能目标、健康行为目标和体育道德目标，从而促进学生多层面发展和综合素质的提升。现行羽毛球教学模式存在的不足已经显露，显然对完成教学目标不利，更不能实现体育核心素质培养目标，因此要在体育核心素养的视角下进一步明确各维度的目标，对教学模式的运用过程予以优化。

（二）突出教学过程的理解性、体验性与反思性，进一步强调教学模式运用的学生主体性

体育核心素养的基础是运动技术和运动技能，关注学生在学习运动技术和技能时的体验感、参与感和情感需求，让学生在增强运动技能的同时实现心理成长，激发学生的主动性，发挥学生的主体地位。另外，教师也应转变教学主导者的角色，成为学生学习的推动者和引导者，帮助学生实现内在的自我建构，关注学生在羽毛球教学中的体验、理解和反思，使学生根据所学

习和掌握的知识和运动技能正确认识羽毛球运动背后的规律，学习感悟羽毛球运动的魅力和价值。

（三）运用差异化教学方法体现体育教学模式运用的学生个体差异

体育核心素养导向下采用的体育教学方法并不固定，教师在教学时要注重差异性和多样性，结合学生实际情况，开展有针对性的个性化教学。着眼于学生的运动能力、健康行为、体育品德之间的差异，组织开展有针对性或者是功能性的个体学习。教师在体育教学过程中需要根据核心素养的要求多关注动作的完整性，使用完整练习法，保证学生会正确使用一项或多项完整的运动技能；另外，教师可在教学中采用领会教学法，让学生更多地掌握运动策略和运动规则，形成技战术实践运用的观念，以达到提升学生运动能力的目的。教师还需要采用探究法启发学生反思与探究，促进学生对健康常识的掌握。为培养学生发现和解决问题的能力，要求教师动态使用预防与纠正错误法，根据学生的错误动作带领学生一同分析和寻找解决的方法。

二、体育核心素养导向下高校羽毛球教学模式的创新设计

（一）分解动作，重构模仿练习教学模式

体育核心素养导向下，要求提高学生的运动实践能力，这是体育教学模式重构的基本要求。为了更好地培养学生的运动实践能力，应坚持发挥模仿练习模式的基本作用。在高校羽毛球教学中，教师根据学生的运动水平分解羽毛球复杂动作，通过一定的技巧，使复杂动作分解成数个简单技术动作，在动作分解后不断强化各技术动作的关键点，学生通过模仿学习来掌握复杂的动作，从根本上提高学生的运动实践能力和学习的自信心。

(二)点燃兴奋点,重构竞赛教学模式

体育核心素养课程理念对学生的体育精神培养有一定的要求,这也是点燃学生课堂学习兴奋点的重要途径,有利于学生积极参与课堂教学活动。竞赛教学更加符合学生的身心需要,因为学生本身就具有较强的好胜心,利用他们好胜心强的特点开展羽毛球竞赛活动,构建竞赛教学模式,更容易培养学生的体育精神。因此,针对学生的身心特点及羽毛球教学内容,应科学设计羽毛球竞赛活动,让学生通过比赛,赛出自己的羽毛球运动水平和体育精神。

第六节 体育核心素养导向下高校羽毛球教学评价的设计

一、体育核心素养导向下高校羽毛球教学评价的原则

(一)客观性原则

客观性原则是指评价方案要明确、具体,有一致的评价标准,有严密、合理、针对性的评价方法和评价步骤,要围绕核心素养导向的教学目标而展开评价,减少评价者的主观性判断,避免出现评价中的类群现象,而且评价者也应树立公正、公平的态度,平等对待每一位评价对象,不能掺入个人主观感情。

（二）整体性原则

整体性原则是指羽毛球教学评价要依据核心素养目标维度，从运动能力、健康行为和体育品德（精神）的整体性入手，明确教学目标结构，并从多维目标出发进行针对性评价，呈现出指向体育核心素养的整体观。

另外，羽毛球教学评价要体现结构化，不能为了评价而评价，要通过评价激发学生思维，引导学生实现相关知识间的相互贯通与渗透。

（三）多样性原则

多样性原则是指羽毛球教学评价的内容、主体与手段都要体现多样化。教学评价的维度要多样，不能只关注某个容易评价的点，如单元教学评价的评价维度应包括体育核心素养的三个方面，并发挥学生互评的作用。

（四）发展性原则

发展性原则是指在进行羽毛球教学评价设计时要明确评价的作用，要将教学评价作为反馈、矫正系统，判断每个学习活动是否有效。当出现无效活动时，要及时调整教学计划，保证羽毛球课堂教学的有效性与发展性，而且要注重评价对学生的鼓励作用，教学评价是手段而不是目的，教学评价应关注学生的长期发展，评价后要思考学生学到什么、学到什么程度、如何学习等问题。另外，也应该关注每名学生的全面发展，标准的制定要充分考虑学生的差异性，清楚地了解每名学生的羽毛球基础、课堂表现、进步幅度等情况。

二、体育核心素养导向下高校羽毛球教学评价的内容与方法

(一)评价内容

体育核心素养导向下的高校羽毛球教学评价应该涉及多个方面,评价的内容应紧紧围绕体育核心素养来设置,具体包括大学生体能的评价、专项技能的评价、学习态度的评价、学生规则意识和体育品德的评价以及健康行为表现的评价等。

(二)评价方法

体育核心素养导向下的羽毛球教学评价要突出评价方法的多样性,将教师评价与学生评价结合起来。

1.教师评价

教师评价包含形成性评价和总结性评价。

(1)形成性评价

形成性评价伴随着整个教学过程,其目的是了解学生的学习进程,以便在教学中对教学内容和方法进行适时调整,从而达到更好的教学效果,它包含学生学习的程度、学习效果等评价内容,可采用课堂观察、课堂小测验等方法进行。

(2)总结性评价

总结性评价不仅是概括总结学生的学习效果,更是对教师的教学质量进行评定,这种评价方法多以期末考试的方式进行,可以由平时的上课出勤率、羽毛球运动技能学习效果、羽毛球模块知识的认知程度等构成。

总结性评价和形成性评价相结合,要求不能对所有学生采用统一的标准,要充分认识到学生间的差异性,要对每一位学生在羽毛球技术动作练习过程中的学习态度和意志品质给予充足的考量,在此期间既要重视学生运动

能力的提升，也要重视健康行为的养成和体育品德的提升，促进每一位学生体育核心素养的全面发展。

2.学生评价

学生评价包含有学生自评与学生互评。

（1）自评

学生自评可以正确认识到自己在某一时间段学到的知识与掌握的能力，为自己未来的学习制订行之有效的学习计划，也可以通过书面的形式来评价自己一学期以来的运动能力的发展、学习态度的转变、健康行为的养成以及在实践中获得的体育品德。

（2）互评

学生互评既可以起到榜样示范的作用，同时也能够锻炼学生的观察能力与客观评价能力，有助于团队协作意识的培养。在互评的过程中鼓励学生积极发言，教师在学生讨论过程中扮演好倾听者的角色，不要干扰学生的讨论内容，为教学目标与任务的达成起到正向的推动作用。

三、体育核心素养导向下高校羽毛球单元教学评价与课时教学评价设计

（一）单元教学评价设计

体育核心素养视角下的高校羽毛球单元教学评价设计要紧紧围绕体育学科核心素养展开，体现体育核心素养的关注点，评价维度应包括运动能力、健康行为和体育品德三个方面。评价内容和评价观察点的选择要从本单元的整体教学着手，经过分析本单元的教学指导思想、教学内容和学生身心特点等，提炼出可以真实、完整地反映学生本单元羽毛球学习成果的评价观测点。此外，评价方式的选择要依据评价内容和观察点来选择操作简便、切实可行的方式。

体育核心素养导向下高校羽毛球单元教学评价设计见表4-2。

表4-2 羽毛球单元教学评价设计表[①]

评价维度	评价内容	评价观测点	评价方式
运动能力	运动认知	1.羽毛球技战术要领、羽毛球理论知识与裁判法的掌握情况； 2.健康知识、运动相关的跨学科知识的掌握情况	1.口头测试； 2.试卷测验
	运动技能	1.羽毛球技战术的掌握情况； 2.羽毛球技能训练或比赛的水平	1.技术观测； 2.口头点评
	体能状况	1.身体成分、身体形态的评定情况； 2.身体素质的发展水平及测试情况	1.体能测试； 2.成长记录
健康行为	锻炼习惯	1.参与羽毛球学习和课外羽毛球锻炼的兴趣与态度； 2.锻炼方法的掌握情况和健康管理水平	1.行为观察； 2.口头点评； 3.问卷调查； 4.访谈
	情绪调控	1.学练和比赛过程中的情绪稳定性； 2.羽毛球锻炼过程中的情绪稳定性	
	适应能力	1.适应自然环境的情况； 2.交流互动、组织协调的水平	
体育品德	体育精神	1.运动过程中展现的精神风貌； 2.面对问题、困难和挑战时的应对情况	
	体育道德	1.运动过程中遵守规则、公平参赛的情况； 2.运动过程中诚实守信、自觉自律的情况	
	体育品格	1.运动过程中对待他人和比赛胜负的态度； 2.运动过程中展现的合作意识和责任意识	

① 潘旭.基于核心素养的大学生羽毛球运动技能学习评价指标体系研究[D].大连：辽宁师范大学，2021：26-27.

（二）课时教学评价设计

第一，羽毛球课时教学评价设计是核心素养导向下单元教学评价设计的具体化，应围绕羽毛球课时教学目标展开。

第二，在选择评价内容和评价观测点时一定要落实到本节课，要根据本节课的羽毛球教学内容和重难点有所侧重，每个评价目标可以选择一两个评价内容，再根据评价内容选择相应的评价观察点。

第三，评价主体的选择要直接、客观地反映评价观测点。

第四，评价方式与评价工具的选择应与课价观测点一一对应，要选择具有较高信效度的工具，另外，教师要利用信息技术进行评价，真正实现为教学所用。

体育核心素养导向下的高校羽毛球课时教学评价设计见表4-3。

表4-3 羽毛球课时教学评价设计表[1]

评价目标	评价内容	评价观测点	评价主体	评价方式	评价工具
体育认知	运动认知	羽毛球的裁判知识与规则	学生自己、同伴、教师	1.试卷测验；2.口头测试	试卷、测试单
		科学从事羽毛球运动的方法	学生自己、教师		
		羽毛球技战术的理解	学生自己、同伴、教师	1.口头测试；2.技术观测；3.行为观察	测试单、行为观察表
	健康认知	认识羽毛球锻炼对于健康的重要性，参与羽毛球学习和课外羽毛球活动	学生自己、同伴、教师	1.问卷调查；2.行为观察；3.访谈	问卷、电子产品、访谈单
		积极主动参与校内外羽毛球活动	学生自己、同伴、教师		
		自觉坚持有规律的羽毛球锻炼，有效组织同伴进行羽毛球锻炼	学生自己、教师、家长		

---

[1] 潘旭.基于核心素养的大学生羽毛球运动技能学习评价指标体系研究[D].大连：辽宁师范大学，2021：28-30.

续表4-3

评价目标	评价内容	评价观测点	评价主体	评价方式	评价工具
运动技能	技战术运用	在练习、活动和比赛中运用羽毛球技战术	学生自己、同伴、教师	1.行为观察；2.技术观测	行为观察表
	技能展示与比赛	敢于展示自己所学的羽毛球技战术	学生自己、同伴、教师		
		愿意在比赛中展示学习成果	学生自己、同伴、教师	1.访谈；2.行为观察；3.问卷调查	访谈单、行为观察表
体能	身体素质	心肺耐力、柔韧性、肌肉力量、肌肉耐力	学生自己、教师	1.成长记录；2.体能测试	《国家学生体质健康标准》
		速度、力量、灵敏性、协调性、平衡和反应	学生自己、同伴、教师	1.技术观测；2.行为观察	行为观察表
	体能的原理与方法	测量与评价体能水平的方法	学生自己、教师	1.试卷测验；2.口头测试	试卷、测试单
		制订体能锻炼计划的程序与方法			
		有效控制与改善体形的方法			
体育情感	德育情感	在羽毛球运动中能够面对困难、克服困难	学生自己、同伴、教师	1.行为观察；2.问卷调查；3.访谈	行为观察表、心理量表、问卷、访谈单
		具有抗挫折能力，表现勇敢顽强的拼搏精神			
		正确对待比赛胜负，具有正确的胜负观			
		表现出合作与负责任的行为			
		在运动中遵守规则、尊重同伴、尊重裁判			
		理解与运用羽毛球比赛规则，具有公平竞争的意识和行为			

续表4-3

评价目标	评价内容	评价观测点	评价主体	评价方式	评价工具
体育情感	价值情感	掌握提高心理健康水平的方法	学生自己、同伴、教师	1.行为观察；2.问卷调查；3.访谈	行为观察表、心理量表、问卷、访谈单
		知晓调控情绪的方法			
		在运动、学习、生活中保持一定的情绪稳定性			
		对于自然环境具备很强的适应能力			
		在运动、学习、生活中主动积极地与同伴合作交流			

第七节 体育核心素养导向下高校羽毛球教学设计案例——以正手击高远球为例

正手击高远球是羽毛球教学中最为基础、最为普遍的教学内容。正手击高远球教学设计旨在使学生学习正手击高远球，熟练掌握技术动作，通过复杂情境的学练提高实战运用能力。

羽毛球正手击高远球技术需要几个课次的教学才能使学生熟练掌握并运用，因此要做好单元教学设计工作，下面基于体育核心素养具体分析正手击高远球技术的单元教学设计过程。

一、指导思想

坚持"多元情境、合作探究"的指导思想，遵循身体练习与思维活动紧密结合的学科特征，注重学生自主探究、实践体验、合作交流。创设真实的运动情境，通过多样化的练习，引导学生运用结构化的知识与技能，提高实战能力，提高学生的核心素养，为学生的健康成长打下良好基础。

二、教法分析

本单元教学先后采用观察法、讲解法、示范法，帮助学生建立正手击高远球的技术概念，再通过自主探究、小组合作和教学比赛等方法提升学生的羽毛球运动能力，让学生真正理解、掌握，并尝试在实战中运用正手击高远球技术。

教学活动坚持问题导向，通过问题链的设计驱使学生主动探究，让学生在探究的过程中解决击高远球的相关问题，培养学生发现问题、解决问题的能力。教学活动中设计模拟实战情境，提升学生实战中击高远球的能力。

教学时采用辅助器材（固定点立柱）和多媒体等教学资源，让学生体会正确的正手击高远球动作要领。利用多媒体视频回放、慢放、定格等功能，帮助学生理解正手击高远球的技术要点和关键环节。

三、问题链设计

这一环节主要指出和明确正手击高远球技术单元教学的核心问题，如图4-4所示。

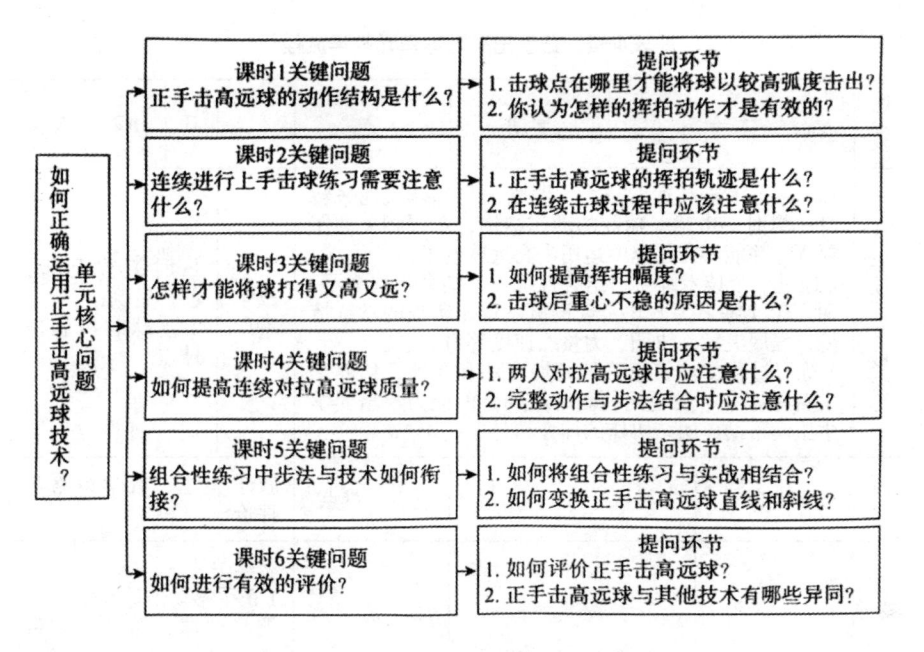

图4-4 正手击高远球技术教学单元核心问题[①]

四、教学流程

羽毛球正手击高远球单元教学流程见表4-4。

[①] 刘梓贺.基于学科核心素养的高中羽毛球模块教学设计与实践研究[D].伊犁：伊犁师范大学，2022：54.

表4-4　正手击高远球单元教学流程[1]

年级	大一	学期	2	课次	6	执教	
单元学习目标	1.学习正手击高远球技术，明晰击高远球蹬地—转身—提肘—击球—随前的动作结构，掌握相关动作要领，并能够在比赛中运用击高远球技术； 2.通过单个技术练习、组合性练习，结合步法练习、两人轮换练习等方式，创设更贴近于实战的学练情境，发展灵敏、协调、力量、速度等身体素质； 3.练习过程中能够正确地开展自评和互评，培养学生自主探究、发现问题和解决问题的能力，培养学生主动帮助、团结协作的体育精神				教学重点		1.肘关节上提，前臂后倒； 2.击球时机和击球点	

课次	教学内容	学习目标	重点、难点	教学关注、教学策略与评价
1	1.明晰正手击高远球动作结构； 2.不同形式的上手击球练习	1.了解正手击高远球的技术结构，建立正确的动作概念，60%以上的学生能进行连续击高远球练习； 2.尝试各种形式的双人、多人击球，发展空间感知能力，掌握击球节奏，提高身体的协调性； 3.伴随小组练习和教师引导下的评价，培养自主、互助、互评的合作学习意识	重点：击球时机 难点：连续对拉球时的稳定性	教学关注： 1.正手移动击球动作 侧身迎球，蹬地转体带动肩关节前摆，击球时，前臂快速内旋带动手腕加速向前上方挥动击球，击球后顺势向前下方挥动并收拍至体前； 2.正手移动击球的基本方法与原则 （1）掌握移动中正手击球的基本方法，通过针对性练习，找到正确的击球方式，击球时肘关节上提，前臂后倒，手腕充分伸展； （2）选择合适的击球点，拉开动作幅度，加长挥拍距离，同时与步法相结合

---

[1] 董翠香，田来，杨清风.核心素养导向的体育与健康教学设计[M].上海：上海教育出版社，2020：108-110.

续表4-4

年级	大一	学期	2	课次	6	执教	
2	1.徒手动作练习； 2.击固定点练习； 3.连续上手击球（有一定高度）	1.体会正确的击球动作，有70%的学生能够做出侧身迎球、转身提肘动作； 2.从徒手到击固定点再到连续对打上手球等循序渐进的学练方法，提高力量、上、下肢协调等身体素质； 3.两人一组相互配合纠正，提高合作学习能力		重点：侧身迎球转身提肘的引拍动作； 难点：正确的击球点		教学策略： 1.运用辅助器材进行固定点的自主学练； 2.运用多媒体探究动作结构顺序； 3.通过综合练习提升技能与体能	
3	1.击固定点； 2.一抛一接练习； 3.完整练习； 4.综合练习	1.明晰高远球的技术结构，掌握正手击高远球技术，通过教学能够将球以高、远的弧度击向后场区域； 2.坚持完成学练任务，通过多任务练习发展上、下肢的协调能力； 3.在高远球的练习中两人一组配合指导，提高相互配合与合作探究能力，以及团结协作的精神品质		重点：高远球的高度和远度； 难点：步法移动，调整击球点		评价要点： 1.击球有一定的高度和远度； 2.在组合性练习中及时完成规定动作； 3.在练习过程中通过合作与探究提高技能	
4	1.一定条件下的两人对拉高远球； 2.在移动中进行正手击高远球练习（击球后起动，回动）	1.进行正手击高远球的学习，80%以上的学生能够在两人对拉练习中利用步伐调整到最佳击球位置； 2.通过不同条件下的对拉高远球练习，发展快速动作、灵敏协调等身体素质； 3.小组交流学习，了解自身水平，逐步改进提高，为自主练习奠定基础		重点：步法调整到最佳击球点 难点：在移动中保持正确的击球动作		评价方法： 1.终结性评价：等级评价（生评、师评）； 2.过程性评价：表现性评价（自评、互评、师评）	

续表4-4

年级	大一	学期	2	课次	6	执教	
5	1.结合步法，移动中击球； 2.组合性练习； 3.全场直线、斜线的对拉高远球练习	1.两人对拉高远球，了解高远球的种类，80%以上的学生能进行15回合以上的对拉球练习； 2.结合连续的组合性练习，提高在实战中对高远球的运用能力，发展灵敏、协调、力量、耐力等身体素质； 3.激发对羽毛球运动的热爱，培养竞争进取、团结合作的优良品质	重点：击球质量和连续多拍； 难点：不同形式练习中的击球质量				
6	1.复习正手击高远球； 2.正手击高远球测试	1.进行正手击高远球技术评定，有90%的学生能够适当高度回击到对方场地； 2.通过对正手高远球的测试，了解自身掌握水平，确定练习方向； 3.在测试过程中，两人一发一击，相互配合，互助提高，正确评价，相互鼓励	重点：击球质量； 难点：步法调整				
安全保障	1.课前认真检查场地和器材； 2.检查服装，做好准备活动； 3.合理安排练习密度，提高练习效率； 4.合理安排场地人员，错开练习； 5.安全教育，防止学生相互挥拍而引发的伤害						

五、评价设计

基于体育核心素养的三个维度，以学生能力发展为目标导向，围绕正手击高远球技能的学练与运用，进行有针对性、可量化的评价设计，评价设计围绕运动能力、健康行为和体育品德展开，重点关注学生关键能力与必备品格的发展（表4–5）。

表4-5　正手击高远球单元评价设计[①]

评价维度	评价内容	评价观测点	评价方式
运动能力	运动认知	了解正手击高远球的技术构成，能够说出正手击高远球的动作要点与关键环节	口头测试
	运动技能	了解正确的击球点和击球时机，能够打出既高又远的球	技术观测
	体能状况	了解本单元体能练习发展何种身体素质，尽力完成练习任务，身体表征明显	体能测试
健康行为	情绪调控	球打不远或打不高时不抱怨，主动找到问题并纠错，保持情绪稳定	行为观察、口头点评
	适应能力	注意练习中不得串场，羽毛球挥拍需保持一定的安全距离和安全意识	行为观察、口头点评
体育品德	体育精神	在学练和比赛情境中，追求卓越，不服输，表现出必胜的决心	行为观察、口头点评
	体育品格	能主动帮助同学，相互鼓励，听从组长安排，小组轮换有序，积极学练	行为观察、口头评价

[①] 董翠香，田来，杨清风.核心素养导向的体育与健康教学设计[M].上海：上海教育出版社，2020：97.

第五章

高校羽毛球教学现状与改革创新

羽毛球教学是高校开展羽毛球运动最重要的形式，羽毛球教学水平也自然成为衡量高校羽毛球运动开展情况的主要指标。高校开设羽毛球课程，组织羽毛球教学活动，应遵循科学理论的指导，构建包含先进教学理念、适宜教学内容、多元教学方法、可行教学模式以及合理教学评价等在内的羽毛球教学体系，并在羽毛球教学实践中不断加强对体系内各教学要素的改革与创新，促进羽毛球教学体系的不断完善，最终提升高校羽毛球教学水平。本章主要对高校羽毛球教学现状与改革创新展开研究，首先分析高校羽毛球教学现状与问题，然后分别提出羽毛球教学内容优化改革、教学方法改革、教学模式创新以及教学质量评价体系构建的方法和策略。

第一节　高校羽毛球教学现状与问题

一、高校羽毛球教学现状与主要问题

（一）基本认知状况与问题

我国竞技羽毛球运动发展水平较高，在国际羽毛球比赛中屡创佳绩。与此同时，大众羽毛球运动的发展也渐入佳境，羽毛球爱好者不断增加，业余比赛活动越来越多，社会氛围良好。相比而言，羽毛球在高校的开展状况不够理想，羽毛球课程在高校体育课程体系中占比较少，课外羽毛球活动类型单一，组织水平也不高，有规模和组织性的课余羽毛球竞赛更是很少，而且缺乏管理，导致开展效果不佳。羽毛球课程少、课外活动形式单一，使得大学生接触羽毛球运动的机会少，对这项运动的认知水平低，甚至还有些学生对羽毛球运动存在认知误区，认为羽毛球不像篮球、足球运动那样精彩、有趣。羽毛球运动是隔网对抗运动，虽然不像篮球、足球那样激烈，但它也有自己的魅力，需要亲身体验才能感悟到，不能通过表面观察就说羽毛球运动不如其他运动精彩。

（二）教学设施现状与问题

由于高校有关领导对普及与推广羽毛球运动的重要性缺乏高度的认识，因而对这项运动缺乏重视，从而导致在运动场地设施建设方面投入的资金较少，在课程建设方面投入的物力资源和人力资源都很有限，严重制约了高校羽毛球教学的正常开展。高校在体育教育、环境建设方面的专项经费一般根据实际需要来决定投入安排。篮球、足球、健美操等运动近年来在高校广受欢迎，人气十足，因而高校在这些方面投入的场地建设经费多一些，而投入羽毛球相关建设中的经费就比较少。大学生打羽毛球通常都是在综合性的操场上，室内羽毛球馆很少对外开放，而且一些场馆设施陈旧，得不到及时维修和更换。总之，很多高校现有的运动场地设施资源条件无法满足羽毛球教学与训练的需要，无法提供良好的基础条件，从根本上制约了羽毛球教学的开展。

（三）教学方式现状与问题

现在，高校羽毛球的教学方式比较单一，大部分高校羽毛球教学采取以教师为主导的方式，进行单一的示范与讲解、学生重复练习的方式。教学中不仅没有运用生动和具有示范性的情境教学方式，也没有做到对学生主体地位的尊重与重视。有时课堂上要求学生简单地重复一个动作，使课堂成为运动竞技的训练课，导致学生在学习中不能获得运动的乐趣，极大地降低了学生对羽毛球运动的学习热情。

（四）教学师资现状与问题

随着高校体育教育改革的不断深入，高校体育教育水平不断提高，很多普遍性的问题正在稳步解决，体育教育发展总体趋势良好。但高校体育教育改革也有不足之处，主要表现为没有突出改革的重难点，忽视了师资建设和师资培养制度的改革，导致体育师资水平落后，与高校体育项目的良好发展状况不匹配。

高校体育师资建设总体状况不佳，羽毛球在高校受重视程度不够，因而专业师资建设尤为滞后。一些高校的羽毛球授课教师非专业出身，入职后也没有接受系统的培训，教学理念落后，教学方法单一，教学模式粗浅，严重制约了羽毛球教学的改革与发展，影响了羽毛球功能的发挥和大学生羽毛球素养的提升。

（五）竞技（学、练、赛）交流现状与问题

竞技比赛是促进体育进步的有效方法。组织形式多样的羽毛球比赛，可以有效激发学生学习羽毛球的热情，同时，还为各高校之间进行技术交流及检验教师教学水平提供了有效途径。但是，目前我国很多高校内部或是高校之间缺乏良好的羽毛球沟通与交流，无法充分发挥羽毛球运动的真正魅力。

（六）校内教学与校外联合实践的现状与问题

高校羽毛球教学要树立服务社会的理念，因此要加强与社会实践的结合，如与企业合作，为学生提供实习机会；与俱乐部或社会体育健身组织合作，共同组织羽毛球比赛，为学生提供实践机会，也允许社会人士参与比赛，促进校园羽毛球与社会羽毛球的交流。此外，高校还需要深入与中小学的合作，尤其是为体育教育专业的学生创造进入中小学实习的机会，使体育教育专业学生能够将所学羽毛球技能运用到基础体育教育中。但目前来看，高校缺乏这方面的认识，与社会实践结合得不紧密，基本处于"封闭"教学状态，不利于服务社会和培养符合社会需求的体育人才。

（七）羽毛球公共体育课与专业体育课的教学问题

1.羽毛球公共体育课的教学问题

在高校非体育专业的公共羽毛球课程教学中，普遍存在体育场馆资源匮乏，不能满足学生学习需求的问题。大部分院校在室外教学，自然环境因素严重影响学生学习的积极性。部分院校仅把羽毛球项目列为课上自由活动的内容，缺乏对羽毛球技术、战术及比赛规则等内容的教学指导，教学方法不合理。而且，公共课羽毛球教师有很多是非专业教师，缺乏系统教学能力。另外，高校参加校外比赛的力度不够，院校之间交流不够，仅仅局限于在校内开展娱乐性的羽毛球比赛，学生参与积极性不高。

2.羽毛球专业体育课的教学问题

一些高校体育专业的羽毛球专修课程学时相对较少，而且大部分是实践课，这直接影响了学生羽毛球综合素养的提升，而且教学内容大都集中在技战术教学和训练上，关于培养学生教学能力、训练能力、组织管理能力的内容较少，未引起重视。另外，羽毛球专修实践课考评仍以技战术的掌握和运用情况为基准，加上身体素质达标情况、技评情况、比赛积分等来核算成绩。缺少对其他方面的考核，特别是对学生实践能力的考评不足，也忽略了对学生社会体育指导能力的考评。虽然理论考核有了改进，但"考前死记硬背，考后不知所云"的现象依旧存在，导致对学生科研能力、自学能力和创新能力的培养流于形式。

二、改善高校羽毛球教学现状的思路

（一）提高大学生的认知水平

羽毛球集竞技性、健身性、娱乐性于一身，对场地器材要求不高，而且运动强度和篮球、足球等相比也比较小，因此很适合在高校推广和普及。大学生参与羽毛球运动的积极性不高与其缺乏这方面的认知有很大的关系，因此高校要加强对羽毛球运动的宣传与推广，并通过羽毛球明星的事迹和精神来宣传这项运动的魅力和意义，激发大学生对这项运动的兴趣与好奇心，使大学生主动了解羽毛球运动，在课堂上学习理论知识和技术动作，提高学生的认知水平和技能水平，亲身体验它的魅力，最终喜欢上这项运动，将此作为课余生活中运动锻炼的一部分。

（二）加强羽毛球运动场地建设

羽毛球场地建设相对简单，耗费的材料并不是很多，中央网和球界标识是最主要的部分，只要做好这方面的建设工作，就基本能解决场地问题了。如果高校在运动场地建设规划阶段没有关于羽毛球场地建设的规划，那么很难腾出专门的场地来建设羽毛球场地，这时可以考虑在空旷的场地使用可移动性中央网，并用可擦拭的记号笔画出球界标识，这样就能使用了，方法简便易行，也不需要投入很多资源，还能提高校园土地资源的利用率。有条件的高校可以建设专门的羽毛球场馆，这样能够解决恶劣天气无法在户外开展羽毛球教学的问题，而且羽毛球场馆也可以用来组织比赛，减少户外环境因素对羽毛球比赛的干扰。

（三）创新教学方法，引进多媒体教学手段

在以往的羽毛球教学中，教师往往忽视学生的主体地位，经常以"言传身教"的形式进行教学，学生无法主动参与课堂中，只能被动地跟随教师的思路进行学习。同时，长期单一乏味的教学方式也使学生养成了被动学习的不良习惯。在高校羽毛球教学中，教学方法要体现一定的趣味性，改变传统的、单一化的教学方法，让学生在羽毛球运动学习中得到放松和体验乐趣。因此，在以往教学的基础上，将现代化多媒体教学等新形式融入其中，给学生播放羽毛球录像，对技术动作画面进行细致入微的分析，可以让学生深入了解羽毛球技术要领，提高学习效果。

（四）加强专业教师队伍的建设

教师在高校羽毛球教学中居于重要的主导地位，扮演着至关重要的角色，组织和指导教学活动的顺利开展。作为一名优秀的羽毛球教师，仅仅具备出色的技术能力是远远不够的，还需要具备扎实的理论知识、熟练的语言表达能力、出色的教学设计能力、良好的课内外羽毛球活动的组织管理能力以及科研能力等。为提高羽毛球教学质量，羽毛球教师必须不断完善自己，促进自己在专业素质、综合教学能力等方面的发展和提高。高校要加强对在职教师的培训和对优秀羽毛球人才的引进，提升羽毛球教师的综合素养，建设高水平的羽毛球师资队伍。

（五）举办交流比赛

在高校羽毛球运动的开展中，除了要开设羽毛球课程，组织实施常规羽

毛球教学外，还要举办丰富的羽毛球比赛，以趣味性友谊赛为主，突出比赛的娱乐性和观赏性，满足学生娱乐身心、放松减压的需要。友谊赛是交流性质的，可以是同班同学的交流对抗，也可以是班级之间或院系之间的交流对抗，甚至在时机成熟之际还能举办校际羽毛球交流比赛。为调动学生参赛的积极性，可以设置物质奖励。高校体育部门应全面支持羽毛球赛事的举办，提供必要的支持与指导，同时要做好医务监督工作，防止学生在比赛中受伤，及时处理运动损伤事件，保障学生的运动安全，减少参赛者的担忧。

第二节　高校羽毛球教学内容优化改革

一、合理选择羽毛球教学内容

为提高羽毛球教学的有效性，必须对有效的羽毛球教学内容进行选择，构建科学合理的羽毛球教学内容体系，包括理论内容体系和实践内容体系。一般而言，与羽毛球课程基本目标相符的、能够使学生发展需要得到满足的、可以使学生的学习兴趣和羽毛球运动素养得到提升的教学内容都是有效的。为保证高校羽毛球教学内容的有效性，在内容选择中要参考以下依据。

（一）根据教学目标、对象进行选择

羽毛球教学内容十分丰富，大体可以分为理论类教学内容和实践类教学内容。各类内容丰富多样，仅羽毛球技术就包含诸多具体类型，如手法技术包括握拍、发球、击球等多个方面，步法技术包括许多不同的移动方式。这只是对羽毛球技术的大致分类与概括。更具体一些，握拍、发球、击球等又有一系列分类和方法，不同的击球技术又有正手和反手之分，而且根据场地位置的不同，又能够分为前场技术、中场技术和后场技术。总之，羽毛球实践教学内容非常多，在学时有限的高校羽毛球教学中不可能在课堂上全部传授这些技术，教师必须从羽毛球教学目标出发对能够促进学生发展的重要教学内容精心进行选择。

选择羽毛球教学内容，还要考虑高校体育专业与非体育专业羽毛球教学的不同目标和面对的不同教学对象。非体育专业的公共羽毛球课程教学内容以普及性内容为主，主要介绍羽毛球的常识和基本技战术，并根据学生的兴趣爱好设置一些游戏类的教学内容，以培养学生的学习兴趣和积极性，增强学生体质。而高校体育专业羽毛球教学的目标是培养"多能一专型"体育人才，包括体育教师、运动员、体育指导员等各类体育人才。面向专修学生的羽毛球教学内容应该以羽毛球教学知识、羽毛球训练知识、羽毛球竞赛组织编排、羽毛球健身知识、羽毛球科学研究、羽毛球体能训练、羽毛球技战术训练为主。围绕培养学生的综合素质和能力设置教学内容，而且运动训练专业的羽毛球训练强度要比体育教育专业的羽毛球训练强度大一些。

（二）根据学生实际进行选择

有很多大学生在进入高校前都没有接受过羽毛球训练，更没有参加过有组织的羽毛球比赛。大部分学生只是对羽毛球感兴趣，将此作为课余爱好，课余时间参加羽毛球运动主要是为了健身、娱乐和交友，而他们对羽毛球文化知识的掌握比较少。但也有一些大学生对羽毛球运动比较熟悉，掌握的羽毛球技术比较多，也参加过竞技羽毛球比赛，这些学生往往对羽毛球活动场地、教学过程有较高的要求。鉴于不同大学生的羽毛球基础水平有高低差异，因此在高校羽毛球教学中尽可能从学生实际出发选择能够满足不同学生需求的羽毛球教学内容，既要考虑基础差的学生，选择基础易学的羽毛球技术内容，使这些学生打好基础，又要考虑有一定水平的学生，选择较为复杂的、有技巧性的羽毛球技术内容，使基础好的学生得到进一步提升和发展。面向不同的学生要实施不同的教学内容，在实施过程中做到因材施教。

(三)根据教学总课时进行选择

无论什么课程，教学时数都是一定的，都有限度。羽毛球技术较多，学生需要较多的练习时间才能掌握，为了保证教学效果，往往将一些基本的、普遍性的、常用的羽毛球技术作为主要教学内容。学生全部掌握羽毛球技术是不符合实际的，至少在羽毛球课堂教学中全部掌握是实现不了的，更不可能将各项技术灵活运用到实践中。羽毛球教学内容不在多，贵在精，精不仅要求教学内容科学、合理，还要求实用，对学生发展有益。在有限的课时内进行羽毛球教学，以最基本、常用的技术为主，先主要培养学生的兴趣和基本技术能力，然后让学生课后多练习，在课余时间除了巩固课堂所学技术外，再学习一些课堂上没有教的羽毛球技术，这样才有可能全面学习和掌握羽毛球技术。

(四)根据适度原则进行选择

在高校羽毛球教学内容的选择和重组中，要充分考虑学生的可接受性，遵循适量、适度原则，把握好教学内容的量。适度既包括量的适度，也包括质的适度，它反映了质和量的限度。要保证羽毛球课堂教学的有效性，首先要保证教学内容量与质的统一。具体要求是，羽毛球教学内容的量必须适宜，难易程度合理，既不能一味选择简单的技术而降低了教学层次，也不能一味追求高难度而忽视学生的实际水平。所安排的教学内容应数量合理，难度适宜，在学生能够接受的前提下逐步实现量的积累和质的提升。

(五)根据"生活体育"的理念进行选择

为了培养学生的终身体育意识和习惯，应在高校羽毛球教学中树立"生活"体育的理念，使羽毛球成为大学生日常生活的一部分。为此，应促进羽毛球教学内容生活化，让更多的人参与这项运动，享受羽毛球带来的乐趣。生活化的羽毛球教学内容以娱乐性和实用性为主，因此应该多进行羽毛球游戏教学、羽毛球知识宣传，多结合实际生活场景筛选教学内容，确保教学内容符合学生的生活需求，应设计一些简单易懂、趣味性强的生活化小游戏，使学生在游戏中掌握羽毛球技能，提高运动兴趣。此外，也可以将社区羽毛球活动纳入高校羽毛球教学内容体系中，并在社区内组建羽毛球俱乐部，定期开展教学活动，吸引居民参与。

二、明确羽毛球教学内容选择的新要求

高校体育教学的深入改革与创新发展对各项目课程教学内容的选择提出了一些新的要求，以顺应体育教学改革与发展的新趋势。下面主要对高校羽毛球教学内容选择的要求进行分析。

（一）技术性要求

羽毛球教学内容主要包括羽毛球理论知识和羽毛球运动技能，这些教学内容应含有知识含量与技术含量，具体表现为具有知识性、技术性，同时要有挑战性和趣味性。这是因为学生探索未知事物以及通过学习愉悦身心是他们进行运动的初始动机，没有知识含量和技术含量的教学内容难以将学生的内部学习动机激发出来，也难以满足学生的心理需求，所以要精心选择有知识含量和技术水平的羽毛球教学内容。

（二）拓展性要求

在选择羽毛球教学内容的过程中，教师要将自身的主导性充分发挥出来，对能够使学生实际需要得到满足且有助于学生综合素质提高的丰富教学内容进行拓展性开发与延伸性选择，而不应拘泥于教材和传统教学资源。拓展性教学内容丰富且变化多样，具有开放性和创新性，将拓展类教学内容纳入羽毛球教学内容体系中，打破传统教学内容的结构限制，有助于激发学生学习的热情，活跃课堂氛围，有助于对学生的探索能力及自主创造力进行培养。适合引进高校羽毛球教学中的拓展性内容主要有三人制羽毛球等。

(三)校本化要求

选择羽毛球教学内容也要满足校本化要求，这是高校体育课程改革的新尝试，目的是提高课程的适应性与灵活性，促进体育课程教学的多元化发展。要满足校本化要求，就要使羽毛球教学内容符合学校实际和地方实际，体现地方特色，同时要能够体现出教师的个性化教学风格。

不同高校教学条件和环境有差异，所选教学内容要适应学校实际，在教学内容的实施中使学校教学资源得到充分利用，同时也要合理分配教学资源，为教学内容的实施提供便利。此外，对羽毛球教学内容的选择还要考虑教师的教学能力和专业素养，使教师的专业技能得到充分发挥。

总之，在满足上述条件与要求的基础上选编羽毛球教学内容，对促进高校羽毛球课程建设质量和校本课程资源开发利用效果具有重要意义。

(四)构建全民健身公共服务体系的要求

构建全民健身公共服务体系是我国政府推动的一项重要民生工程，旨在提高全民健康水平，促进社会和谐发展。在这样一个体系中，选择适合的羽毛球教学内容，既能满足学生多元化的健身需求，又能推广羽毛球运动，让更多人享受到运动带来的快乐。

全民健身公共服务体系包括公共服务设施、公共体育服务、健康教育和全民健身活动等内容。在这个体系中，羽毛球教学内容的选择应紧密结合这四个方面，使之更加具有针对性和实用性。全民健身公共服务体系以人民为中心，因此羽毛球教学内容应符合不同体质人群的特点，使更多人能够参与羽毛球运动。羽毛球教学内容还应注重理论与实践相结合，在教学过程中不仅要传授羽毛球技巧、战术等方面的知识，还要注重培养学生的体育道德，养成良好的体育素养。根据构建全民健身公共服务体系的需要选择羽毛球教学内容，还应与时俱进，及时更新教学内容，跟上时代发展的步伐，使学生能够掌握最新的羽毛球技能。

三、加强羽毛球教学内容结构体系的优化与完善

（一）动态性的改进

随着羽毛球教学科研的深入改革与发展，学界不断产生新理论、新知识，增加了羽毛球教学的丰富性。这就要求紧跟时代的步伐、社会的需求以及羽毛球运动的发展步伐，经常对羽毛球教学内容结构进行更新，使羽毛球教学内容满足社会需求，与体育教学改革与发展方向以及与体育科学的前景保持一致。更新羽毛球教学内容结构体系体现了羽毛球教学内容体系的动态性特征。通过动态性的变革与改进，将羽毛球新知识、新技术融入羽毛球教学内容体系中，突出教学内容体系的科学性、进步性。

（二）关联性的改进

随着羽毛球运动的不断发展，涌现出大量的新知识，创造出丰富的运动技能，将这些知识与技能有选择地纳入高校羽毛球教学内容体系中，将使羽毛球教学内容更加丰富有趣。大量的知识和技能既相对独立，又有一定的关联，有序推进这些内容的教学，能够使学生的羽毛球知识范围得到拓展，知识结构不断完善，为终身羽毛球锻炼打好基础。

羽毛球教学内容结构的关联性从下列两个层次体现出来。

1.横向广泛性

第一，在羽毛球教学内容体系中纳入基本的体育与健康知识，如体育卫生、体育营养、体育保健、体育锻炼原理等。

第二，将有利于增强学生体质的运动技能方法纳入教学内容体系中，使学生形成良好的体育态度和拥有良好的运动能力。

2.纵向复合性

对于某个教学内容，可在不同教学阶段反复安排，但要不断提高学习要

求,提高学习难度,进行纵向上的深化学习,促进学生羽毛球认知和技能的纵向发展。

从多元复合的教学目标出发,要从横向广泛性和纵向复合性两个层次来完善羽毛球教学内容的结构,实现两个层次的融合,强化羽毛球教学内容的关联性,促进学生的全面发展。

（三）服务性的改进

1.服务本土人民健康需要

随着我国经济社会的快速发展,人们生活水平不断提高,对健康的需求也日益增长。在这个过程中,体育运动逐渐成为人们追求健康生活的重要方式。羽毛球作为我国国民喜爱的运动项目之一,其教学内容应当与时俱进,更好地服务于人民健康。为此,羽毛球教学内容的改革应做到普及与提高相结合、理论与实践相结合、传统与现代相结合、个性化与差异化相结合,不断丰富课程内容,开展多元化教学,加强课外实践,拓展教学内容,增加康复性教学内容,更好地服务于人民健康,使更多的人受益于羽毛球运动。

2.服务基层体育建设

近年来,随着国民经济的持续增长和社会事业的不断发展,我国体育事业取得了显著的成果。羽毛球作为我国传统优势项目,在国内外赛场取得了辉煌的成绩,不仅为国家赢得了荣誉,也激发了广大人民群众对羽毛球运动的热情。因此,加强羽毛球教学内容服务基层体育建设,对于普及和提高羽毛球运动具有重要意义。

为了更好地服务基层体育建设,首先要加强对羽毛球教学内容的研发,结合我国羽毛球运动的特点和实际需求,开发科学、系统、具有针对性的教学内容。基层体育建设是全民健身体系的重要组成部分。羽毛球运动具有广泛的群众基础,加强基层羽毛球教学内容服务,有利于提高群众的参与度。高校应与社会有关部门合作举办各类群众性羽毛球活动,让更多的人参与羽毛球运动。同时,要关注羽毛球人才的培养,为我国羽毛球事业储备力量。

为促进羽毛球教学内容服务基层体育建设，还需要完善基层羽毛球设施，将高校体育场馆适时对外开放，为基层群众提供良好的锻炼环境。

3.服务学校高质量教学体系

作为我国普及程度较高的体育项目之一，羽毛球运动在高校备受师生的喜爱。为了满足学校高质量教学的需求，需要对羽毛球教学内容进行拓展和深化，以期为我国羽毛球教育事业贡献力量。

首先要完善羽毛球教学内容体系，明确基础技能教学、进阶技能教学、高水平技能教学等不同层次教学的主要内容，同时要注重学生个体差异，做到因材施教，激发学生潜能。此外，要通过完善羽毛球设施设备条件、提高师资水平、加强校际合作等方式来创造良好的羽毛球教学环境。

总之，羽毛球教学内容应紧密围绕学校高质量教学需求，从完善教学体系、注重个体差异、创设良好教学环境等方面进行拓展，为提高体育教学质量、培养更多优秀的羽毛球人才贡献力量。

第三节　高校羽毛球教学方法与改革

一、高校羽毛球教学的常见方法

（一）以语言为主的教学方法

1.讲解法

讲解法是一切教学的基础，能够有效地帮助学生在较短的时间内理解和掌握体育基础知识和技能。语言是人与人之间最主要的沟通交流方式，因此也是学生最习惯、最擅长地接受信息的途径。教师应该充分利用语言交流的功能，努力把羽毛球教学中可以通过语言传达的信息，经过巧妙的组织，以生动、简洁、快速、好理解的方式传递给学生。同时需要注意的是，羽毛球教师的讲解应尽量做到精练和准确，然后给学生更多的时间进行练习。

2.问答法

问答法是在讲解法的基础上发展而来的一种教学方法，它的优点是便于激发学生学习的主动性和积极性，能够培养学生的思辨能力、语言表达能力。

3.讨论法

讨论法是在讲解法和问答法的基础上延伸出来的一种更为灵活、教学空间更大的教学方法，它给教师、学生以及课堂更大的自由度。讨论法主要是在教师的指导下，以班级或小组为单位，围绕某一核心问题进行讨论，让学生自由表达观点，从而促进学生积极、主动地参加羽毛球课堂教学活动，并能主动提出问题，通过讨论与思辨，寻找解决问题的方法，这是学生作为学习主体主观能动性较强的体现。讨论法有利于增强学生的合作精神和集体主义精神，还能锻炼他们的人际交往能力和组织领导力。

在羽毛球教学中，讨论法是一种辅助教学方法，不要过度使用，教师要把握好讨论的时间和范围。

（二）以感知为主的教学方法

体育教师常常会利用学生的感知功能进行教学，这里的感知主要是指视觉和听觉，因为在运动实践中有大量的视觉参与环节，无论是对自身技能的掌控还是对竞争对手的观察，都离不开眼睛的观察和耳朵的听觉参与。另外，由于借助感知的教学方法更加直观，所以在体育教学中颇受欢迎。

高校羽毛球教学中采用的以感知为主的体育教学方法主要有以下几种。

1. 示范法

动作示范法是教师教授某个技术动作时，为了能让学生清楚地了解技术的动作要领，亲自做示范的教学方法。动作示范法的优势是直接快速地向学生展示动作特点和技术要领。示范法还会因教师流畅的动作示范而成功激发学生的学习兴趣。

2. 演示法

演示法是指教师通过各种教学工具向学生直观呈现技术动作，通过增强学生的感性认识而提高学习效率的一种方法。演示法可以理解为是示范法的延伸，是教师无法示范或示范无法达到预期效果时采用的一种教学方法。

（三）以练习为主的教学方法

1. 分解练习法

分解练习法就是将完整的动作分解为若干简单动作，从而逐一练习的方法。一方面，从技术难度的角度看，通过分解动作可以降低技术难度，便于学生掌握；另一方面，从心理接受的角度看，也提高了学生的学习信心，避免学生因畏难心理而退缩。在具体的教学实践中，应该注意分解的科学性与合理性，分解应以不破坏原有动作的结构为原则。比如，我们观看一场羽毛球比赛，会被高水平羽毛球运动员出神入化的高超球技深深折服，但是这并不能提高我们的球技，需要将连续的动作进行分解，这样才能够将复杂的技术具体化、简单化，让学生针对每个环节进行练习，直到最终能够掌握一套完整的技术。

2. 完整练习法

完整练习法是与分解练习法相对的，是指对整套动作进行完整性的练习。完整练习法适用于一些难度低、易于学生在脑海中形成完整动作概念的技术动作教学中。

3.领会练习法

领会练习法是指通过语言、文字、图片或视频等多种信息传递方式来讲解或示范动作,目的是帮助学生对所学技术动作形成一个概括性的认识。这种教学方式是在学习一个新动作之初就把该动作的所有特征都展示给学生,有助于学生从整体上认识和了解新授技术,从而对接下来的学习和练习有了大致的了解。一方面,这可以激发学生的学习兴趣;另一方面,学生可以根据概括性的认识判断自己学习该技术的难度有多大。

二、合理选择羽毛球教学方法

由于体育教学方法种类繁多,再加上现代教育技术的不断引用,不断的有新的体育教学方法被开发和运用。羽毛球教师在教学过程中,为了达到最佳的教学效果,针对不同教学目标和教学内容,需要选择不同的体育教学方法。很多时候,教学方法是提高教学质量的关键因素。因此,体育教学方法的选择是贯穿每一位体育教学工作者职业生涯的重要议题,选择恰当的教学方法是每一位体育教师必备的基础能力之一。具体而言,将众多体育教学方法灵活运用到高校羽毛球教学中,要参考以下依据。

(一)根据教学内容的特点选择

不同的教学内容之间可能存在着很大的差距,因此要选择不同的教学方法才能更好地实施教学。比如,在教授较复杂的技术时,可以选择分解教学法;而进行连贯性较强且动作较短促的技术的教学时,可选择完整教学法;而对于技术要求较严格的教学内容,可以选择领会教学法。因此,根据教学内容选择教学方法是教学中最为常见的情况。

（二）根据学生的情况选择

在选择教学方法时，根据教学主体也就是学生的实际情况来做出选择也是十分重要的依据之一。选择最贴近学生当前实际水平的教学方法，要考虑到该方法是否符合学生的发展特点、是否有利于学生的理解和接受等情况，包括参考学生的年龄、发育情况、心理承受能力以及智力水平等，从以上这些实际情况出发进行选择，会对促进学生的知识技能水平的提高具有显著的效果。

（三）根据教师的情况选择

作为教学方法的实施者，教师的自身情况将决定着教学方法的实施效果。再好的教学方法，如果由于教师自身的条件和能力而影响其发挥该有的功能时，那么也不是一个正确的选择。教师的自身素养对选择教学方法也具有决定性的影响。因此，从教师自身出发也是选择教学方法的依据之一。比如，如果教师思维敏捷和语言表达能力强，那么在同等条件下可以优先选择"讲述法"；而运动技能较强的教师，可以多选择"演示法"和"示范法"。当然，根据教师自身的情况而选择教学方法，其排序要在以上两种依据之后，即必须在符合教学内容特点以及学生实际情况的基础之上，再考虑教师的自身情况进行选择。

（四）根据教学时间和效率选择

每一种教学方法的选择，都会涉及教学效率的问题。因此，在选择教学方法时要选择能够带来最佳教学效果的方法，如每一种教学方法所需的教学时间、效率高低等问题。一种最佳的教学方法应该同时满足目的、内容、学生、教师以及教学效率的完美匹配，最终实现教学效果的最优化。

高校羽毛球教学中既可以应用体育教学的一般方法，也可以从羽毛球运动特点和教学对象的实际情况出发设计专门的教学方法，不管是一般体育教学法，还是特别的教学法，每种方法都有自己的优势，也有自己的不足，在教学实际中往往会用到多种不同的教学方法,而将不同的方法组合在一起运用便会产生不同的教学效果。为了提高与优化高校羽毛球教学效果,要从教学目标、教学内容、师生情况、具体需要及其他实际情况出发而重视对不同教学方法的有机整合与优化组合,具体可参考图5-1所示的教学方法优化模式图。

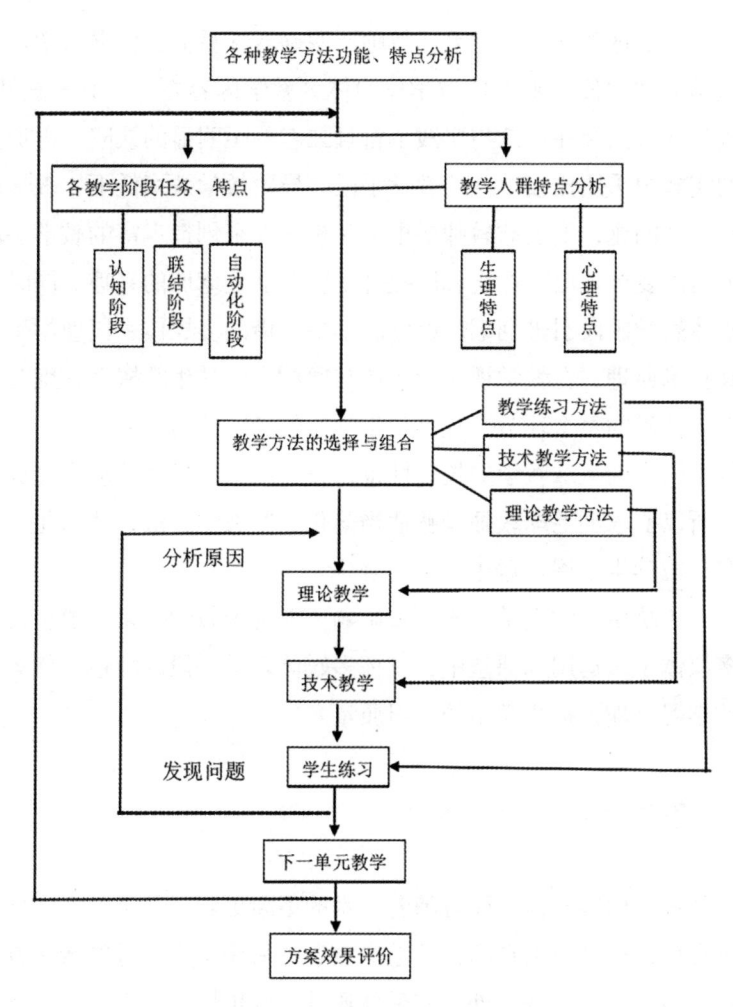

图5-1 教学方法优化模式[①]

---

① 张建龙,王炜.体育教学方法优化组合的依据、原则与程序[J].新西部(下半月),2009(5):241,238.

三、加强高校羽毛球教学方法的改革

（一）促进教学方法与手段的科学化

在高校羽毛球教学中，羽毛球教师要明确教学目标，依据教学目标而科学选用教学方法手段。羽毛球教学作为体育教学内容之一，其实践性很强，一些传统教学方法存在理论与实践不符且二者差距明显的缺陷，再加上在教学方法的实施中采用比较单一的教学手段，导致教学效率低下、教学质量下滑。针对这个问题，羽毛球教师要根据学校条件来创造丰富的教学手段，教学方法的运用要体现出多样化，以提升学生对羽毛球课的兴趣。同时，有必要将多媒体教学手段引进羽毛球课堂教学中，借助多媒体手段使学生充分理解羽毛球技术原理，在教学视频的慢放与回放中使学生掌握动作细节，全面掌握羽毛球技术的每个环节，提高学生学习的稳定性与专业性。

此外，因为羽毛球教学的技巧性也比较突出，而且这些动作完成起来有些难度，所以要求羽毛球教师能够适当简化一些教学方法，使简化后的教学方法更容易被学生掌握与运用。

总之，传统单一的教学手段严重影响了羽毛球教学效果，要重视将丰富生动的多媒体手段运用到课堂中，发挥多媒体教学手段的特色与优势，以培养学生的学习兴趣，提高学生的学习质量。

（二）寓教于乐

羽毛球技术内容丰富，而且随着技术的不断更新，技术的多样性、先进性越来越突出，这就要求在高校羽毛球教学中采用丰富先进的教学方法实施教学。除了多样性、先进性外，羽毛球还具有娱乐性，是学生愉悦身心、休闲放松的体育活动。这就要求在高校羽毛球教学中采取一些活泼有趣的教学方法来营造活跃的课堂氛围，贯彻寓教于乐的教学原则，以吸引学生的关注，激发学生的好奇心与积极性，使学生在轻松欢快的羽毛球课堂氛围中锻炼身体，放松心理，掌握技能，提高思维能力，达到全面发展与提升的良好教学效果。

秉着寓教于乐的思想与原则实施羽毛球教学方法，不能刻意弱化技术教学难度，或者直接不教有难度的技术，这些方法都是不负责任的表现，不能为了娱乐而娱乐，寓教于乐最终也是要服务教学效果和教学目标的。因此，羽毛球教师要善于开发与设计一些娱乐性的教学方式，如游戏教学法、比赛教学法等，在能够引起学生兴趣的氛围中激发其主观能动性，使其通过参与羽毛球游戏与比赛而掌握羽毛球技战术，形成良好的竞争与合作意识，而且也能在娱乐化的教学中培养学生的体育道德与体育精神。

（三）校外与校内"共育"

当前，羽毛球运动在高校中越来越受欢迎。校内羽毛球教学与校外培训相结合，成为培养高校羽毛球人才的新模式。目前高校羽毛球校内教育与校外培训存在一定的脱节现象，导致学生在校园内所学技能难以在实际比赛中和社会相关领域得到应用，而且校外羽毛球培训市场资源分配不均，优质教练资源集中在一线城市，基层教练水平参差不齐。面对这些问题，必须加强羽毛球校内与校外共育，加强校内与校外沟通协作。高校应主动与校外培训机构建立长期合作关系，实现资源共享，提高教学水平，并根据学生需求，调整校内羽毛球课程设置，采用先进的教学方法提高学生兴趣和技能水平。此外，还要加强教师队伍建设，引进优秀教练员，与校外机构及相关单位合作举办羽毛球赛事，为学生提供实践机会，培养学生的实践能力。

第四节　高校羽毛球教学模式与创新

一、传统羽毛球教学模式的改革

（一）传统羽毛球教学模式改革的必要性

传统羽毛球教学模式主要是指一些传统体育教学模式，如运动技能传授模式、小群体教学模式等。在应试教育时期，这些传统体育教育模式所发挥的作用是毋庸置疑的。但在新时期，随着社会环境的不断变化和教育改革的日益深化，传统体育教育模式的缺点逐渐暴露，亟须改革。传统体育教育模式中存在一些条条框框，这对体育教师创造力的发挥和学生主观能动性的发挥都造成了一定的限制，也导致教学组织实施整体比较单调，缺乏活力，不利于培养学生的学习兴趣，也限制了学生的个性发展。对此，必须加快改革传统羽毛球教学模式，尤其是随着素质教育、健康教育、全面育人、体育核心素养、课程思政等教育理念的不断渗透，对学生兴趣、特长和综合素质的培养越来越受重视，改变传统的灌输式教学模式势在必行，通过改革，对学生多一些引导，少一些说教，向学生传授适合他们的学习方法和运动方式，使每名学生都能充分发挥自己的特长与个性，能够在有限的课堂时间内有所收获，得到锻炼、提升和成长。

改革传统羽毛球教学模式，除了要改变传统的身体锻炼和教育方式，还要融入心理教育，身心教育合为一体，对学生良好的道德品质进行培养，使学生成为有思想、有个性、有情感、有意志的人，能够自主学习，不断提升自己，实现全面健康和全方位发展。

对传统羽毛球教学模式的改革与优化是促进羽毛球教学效率和质量提升的关键。在传统羽毛球教学模式的改革中，要采取恰当的方式将之前的一些限制性条件转化为对教学有利的条件，尽可能走出条条框框的束缚，解放思想，拓展思维，大胆探索和创新。突破条条框框的约束并不意味着让学生毫无组织性、纪律性、目的性地"疯玩",基本的课堂纪律是不可缺少的,在遵守基本课堂教学管理条例的基础上适当为学生提供更多的空间,并通过丰富羽毛球教学内容、创新羽毛球教学方法来调动学生的学习热情,营造良好的羽毛球课堂氛围,促进学生学习效果的提升。

(二)传统羽毛球教学模式改革的建议

1.依据羽毛球教学的特点进行教学

在羽毛球教学的组织过程中,教材作为桥梁和中介,将教师与学生联系起来,师生互动大都围绕教材展开,师生与教材之间相互作用,从而形成了特定的课堂教学形态,也使课堂教学呈现动态化的统一性。在动态变化的羽毛球教学中,教师为完成教学任务、实现教学目标而有目的地选用一些课堂组织方式和教学方法,教师根据教材施教,学生按教师的节奏井然有序地学习。但体育教学的独特之处在于它没有特定的方法,任何教学组织形式、教学方法都会发生变化,它们的变化主要是随着教学对象、教学内容等教学因素的变化而变化的。因此,要根据羽毛球教学的具体特点进行相应的教学,并接受课堂架构的多元化,对课堂结构的安排要系统化、合理化,要以课程类型、教学内容、教学组织形式以及学生实际情况为依据来不断调整与优化课堂结构。教师要灵活安排课堂结构,并能根据课堂教学任务和教学目标去充分发挥不同课堂结构的优势与作用,对课堂上的教学内容、教学方法都要做到心中有数,无论是安排教学内容还是选用教学方法,都要为实现羽毛球教学目标服务。

2.实施健身教学模式

健身教学模式注重学生对体育活动的自主参与和积极参与,注重对学生运动兴趣、运动意识及终身体育习惯的培养。该模式的基本观点是,引导学生参与体育运动,使学生保持对体育运动的兴趣,端正学生的运动态度,对能够促进学生身心健康、培养学生综合素质的体育活动进行探索,通过参与活动增强学生体质,促进学生健康成长。

将健身教学模式引入羽毛球教学中，具体操作过程中要明确相应的规则或要求，保证课堂秩序不混乱，引导学生的课堂行为更加规范。明确规则、要求和边界，是体育教育管理的重点，这样可以减少管理的时间成本，将更多的时间用于指导学生参加羽毛球活动，促进学生身体素质的发展和羽毛球运动能力的提升，培养学生的健康体魄和健康心理，让学生既能遵守规则，也能享受羽毛球运动的乐趣。

3.合理利用竞技教学模式

竞技教学模式相对来说是高标准、严要求的。将该模式引入高校羽毛球课堂中，与传统教学模式最大的不同在于课堂评价。该模式既要从技术层面评价学生的表现，又要对学生的课堂认知、学习态度及裁判意识进行培养。在高校羽毛球教学中构建与应用竞技教学模式，则强调羽毛球运动技能的培养与提升，并注重培养学生的羽毛球专项身体素质，即为掌握羽毛球运动技能而必须具备的运动素质。此外，该模式还注重对学生实践能力的培养，使学生将课堂上掌握的羽毛球技术技能运用到比赛中，取得优异的成绩。不仅如此，竞技教学模式还提出要培养学生的裁判意识与基本执裁能力，要求学生掌握羽毛球裁判知识与规则，能够在比赛中学有所用。

4.借助校外资源，构建政校共建的模式

羽毛球教学政校共建是我国高校羽毛球教学发展的重要模式，旨在推动羽毛球运动的普及与发展，提高羽毛球教学水平，培养更多优秀的羽毛球人才。近年来，我国羽毛球运动在国际赛场上取得了举世瞩目的成绩，背后离不开我国政府对羽毛球运动的重视与大力支持。因此，应积极构建政校共建羽毛球教学模式，通过政府与学校之间的紧密合作，共同推进羽毛球教学改革，提高教育教学质量。这种模式有利于整合资源，提高教学水平。政府提供资金、技术支持和优秀教练员资源，学校提供场地、设施和人力，双方共同构建高水平的羽毛球教学体系。通过政校共建，还能加大羽毛球人才培养力度，为国家队输送更多优秀运动员，增强国家羽毛球竞技实力。羽毛球教学政校共建模式还有助于向更多学校和地区普及羽毛球运动，将优质羽毛球教育资源辐射到更多地区，让更多学生受益，提高全民身体素质。

二、创新性羽毛球教学模式的运用

（一）翻转课堂教学模式

翻转课堂一般被理解为课前、课堂学习任务和教学状态的改变，课前从自由安排时间转变为自主学习教学内容，课堂从教师讲授转变为学生讨论、分享观点和师生共同总结。在传统羽毛球教学模式的改革中，翻转课堂教学模式作为一个比较成熟的创新性模式能够充分发挥示范作用。

1.翻转课堂的意义

翻转课堂对于学习者知识的掌握和教师能力的提升都有较大的影响力，具体意义体现在以下几个方面。

（1）提升课堂时间价值

在翻转课堂的教学过程中，学习者在课下，跟随教师讲课视频学习，记录笔记，不理解的部分反复听，还可以借助补充资料查缺补漏、拓展学习内容。所以，学习者在进入课堂前已经基本掌握了课程内容，对于自己在课程视频中没听懂的地方了然于心，课堂提问、回答问题和研讨，也更加有的放矢，课堂中比较注重解决课程中的疑难问题、巩固课程知识，或者加强课程知识的应用，课堂效率大大提升。

（2）实现个性化学习

在翻转课堂中，学生的主体地位再次被强调，学生在学习过程中学习进度基本由自己掌控，自己安排学习节奏，整体比较轻松自在，不需要像在传统集体课堂教学中那样担心没有听清某个内容而时刻高度紧绷神经。在翻转课堂教学中，学生的学习时间、空间都比较自由，没有统一的要求和严格的限制，不管在家里，还是在宿舍，或者在自习室，都可以进行线上学习，学习环境比较自在，学习状态较为轻松。在线上学习中，学生可以自己控制音量、调整播放倍速，或者拖拉进度条，可以根据自己的学习情况直接跳过一些已经滚瓜烂熟的知识，同时也要反复听、看比较复杂的学习内容，在关键地方按暂停键，暂停后利用这个时间认真思考，体会动作细节和关键技巧，或查找资料来帮助自己理解和消化知识，在这个过程中，学生是主动建构知识的主体，能够有更多的知识收获。

此外，在翻转课堂教学中，学生主动提问的意识更强，积极性更高，可以向教师提问，也可以与同学讨论、交流，这样愉悦的教学氛围能够使学生作为学习主体真正参与到教学活动中，从而提高教学的有效性，真正解决学生的问题。

（3）使学习中互动更频繁

课堂互动频繁是翻转课堂教学最主要的特点之一，也是其得以发展的一大优势，频繁的互动在师生之间和学生之间都能体现出来。

翻转课堂教学中，教师摆脱了传统体育教育模式中作为讲授者和灌输者的角色，而是作为学生学习的指导者发挥指导作用，这样一来，教师就不必花大量的时间去讲授教学内容，而要将主要精力放在与学生的互动上，为学生答疑解惑，解决他们学习中的问题。学生小组在合作学习中也需要教师参与互动，对小组学习进行指导。为提高课堂指导效率，教师可以记录不同学生提出的问题，对于普遍性的问题，可以集中解答，对于个别性的问题，以个别指导为主，或者组织小组学习互助活动，让学习水平较高的学生为学习进度较慢的学生解答疑惑，这样可以促进同学之间的互动和交流，建立深厚的同学友谊，使课堂氛围更融洽。另外，教师也可以开设小型讲座来专门为有相同疑惑的学生答疑，这样可以帮助学生尽早解决问题，开始下一步的学习。

此外，教师用更多的时间为学生答疑解惑时，也能在课堂上对学生之间的沟通、交流、小组学习过程进行观察。学习小组的划分一般是教师精心安排的，或者是学生自愿组成的，学习小组的学习氛围一般是非常活跃、融洽的，既有平等的交流，也有激烈的争论，教师通过观察便能发现这种学习方式对学生的学习发展来说至关重要，对提高课堂教学效果来说具有显著效果，这样教师便会对学生充满信心。

当学生意识到自己作为学习主体的角色和地位被教师重视，而且学习小组的合作学习成效得到教师的认可时，便会深刻地察觉到教师已不再是原来下达指令、灌输知识的"喂食者"，而是引导他们学习的重要人物，是不可缺少的指导者。教师为学生答疑解惑时，用平和的语气和民主的方式，使学生感到平等、亲切，这样学生便能丢掉刻板印象，积极主动地询问教师，与教师探讨问题，甚至对教师的解答提出合理质疑，师生在融洽的氛围中保持互动，解决学习上的问题，能够更好地促进学习任务的完成和学习目标的实现。而且，学生不会认为完成学习任务是一个艰难的过程，反而会因此与教师、同学的互动而感到轻松，从这个角度来看，翻转课堂教学过程显得更有意义，无论对教师还是对学生，都是很难忘的。

（4）提升教师的业务能力

翻转课堂教学对提升教师的业务能力具有重要意义，具体体现在以下几个方面。

第一，为了更好地开展翻转课堂教学，课程组教师要集体备课，集体完成教学过程的设计，尤其是要设计好教学内容，录制课程视频，在这个过程中，课程组的教师可以相互学习，相互交流经验，提高翻转课堂教学设计能力。

第二，教师要以学生为中心完成教案的编写，这有助于促进教师教学理念的更新和教案编写能力的提升。

第三，教师对翻转课堂教学的设计需要具备知识重构的能力，同时还要提升信息化素养，从而基于单元知识点去制作直观生动、准确精练的教学视频。

第四，在翻转课堂教学中，教师作为指导者和引导者要具备良好的实践指导能力和课堂管理能力，因而随着翻转课堂教学的实施与深入，教师这些方面的能力也能得到相应的提升。

2.高校羽毛球教学中采用翻转课堂教学模式的注意事项

（1）营造信息化教学环境

从目前高校羽毛球教学状况来看，教学模式创新是未来的发展趋势。而在翻转课堂的模式下，学生成为学习的主体，就会导致学生需要在网络的帮助下进行各种教学资源的学习和利用。所以，对于羽毛球教师来说，应该充分利用信息化环境，更好地帮助学生进行学习。比如，学校应该加强全校的网络覆盖，打造适合学生进行翻转课堂学习的环境，对于教师而言可以选择录制羽毛球教学视频，给学生提供合适的学习教具。在学校和教师的相互努力下，营造信息化教学环境，提高学生的学习效率。

（2）注意安全防护

在翻转课堂模式下的羽毛球教学以学生自主学习探究为主，教师起到辅助和从旁引导的作用。在这样的学习模式中，已经改变了教师讲解示范、学生机械性模仿的教学方式。所以，在学生的安全问题上，教师要格外重视，注意引导学生在探究学习的过程中注意安全防护。与此同时，要充分发挥教师的引导作用，在教学的过程中注意提醒学生规避各种可能导致危险发生的行为，向学生强调安全防护的重要性，提示哪些羽毛球动作操作不当容易发生损伤，以避免意外的发生，保障学生的安全和健康。[①]

（二）线上线下混合教学模式

1.体育线上线下混合教学模式概述

线上线下混合教学模式是为了更好地完成教学目标，在人本主义学习理论和建构主义学习理论的指导下，基于线上工具和平台，主要包括课程网络管理平台、音视频实时交互工具、文件上传平台、即时通信工具，以信息技术为手段，对教学资源进行整合和优化，将线上和线下的教学环境、教学时间、教学空间、教学方式、教学评价等进行混合，通过线上的直播、录播、慕课、文字加音频、线上互动研讨和线下面对面的课堂教学等多样的形式，师生之间交流互动，使学生掌握学习内容的教学活动程序。

体育线上线下混合教学模式具有指向性、操作性、完整性、稳定性、灵活性等主要特点。[②]

体育线上线下混合教学模式的构建如图5-2所示。

[①] 董有为.翻转课堂下的体育教学模式改革[J].冰雪体育创新研究，2021（14）：45-46.

[②] 冯川.初中体育线上线下混合式教学模式研究[D].阜阳：阜阳师范大学，2021：43.

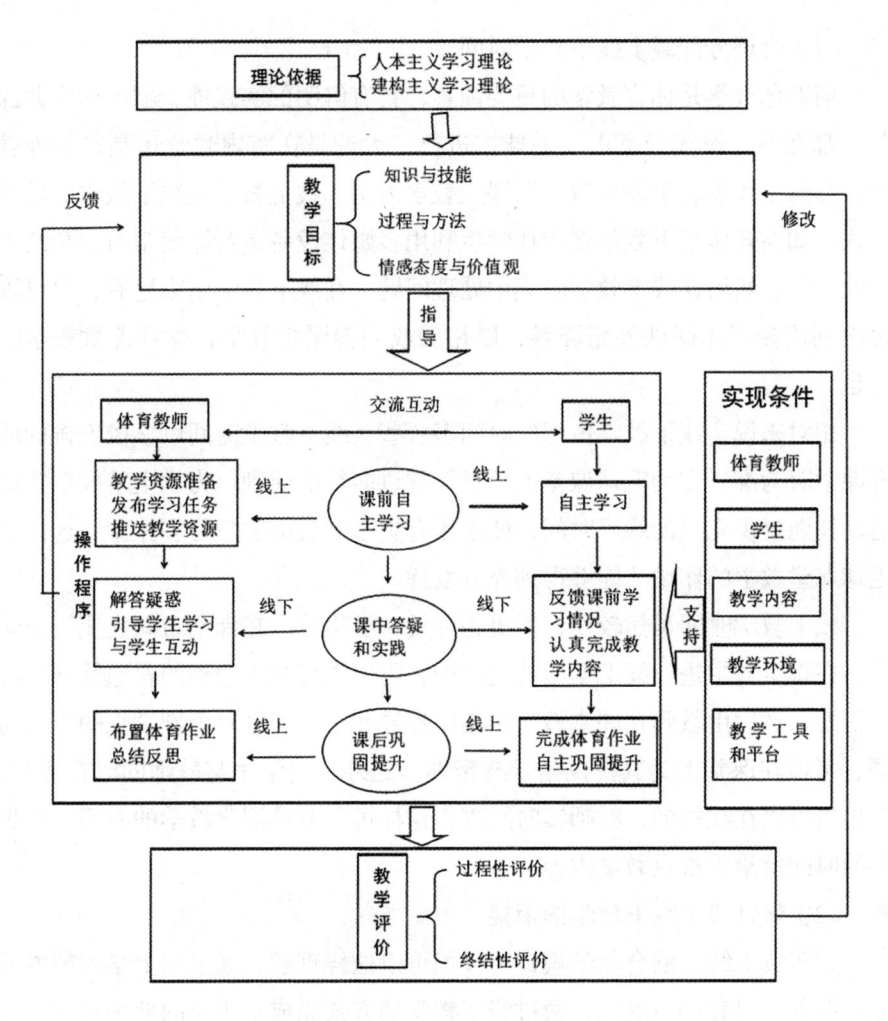

图5-2 体育线上线下混合教学模式[1]

2.羽毛球教学线上线下混合教学模式的运用

在高校羽毛球教学中构建与实施线下混合式教学模式，要从以下几方面展开。

---

[1] 冯川.初中体育线上线下混合式教学模式研究[D].阜阳：阜阳师范大学，2021：44.

（1）合理分配线上线下教学时间

羽毛球教学是体育教学的重要内容，具有鲜明的实践性，羽毛球实践课几乎都在室外操场或室内羽毛球馆进行，无论是在室内教学还是在室外教学，都属于线下教学，也就是以课堂教学为主。线上教学是线下教学的辅助模式，如在开始线下教学之前让学生利用多媒体设备进行课前学习，总结学生的问题，然后在线下教学时集中处理问题。在线下教学结束之后，也可以再次利用多媒体课件补充资料，以拓展或完善课堂教学，弥补课堂教学的不足。

相对来说，线下教学占用的时间多一些，线下教学时间以学校安排的体育课学时为准，在羽毛球课堂上要贯彻精讲多练的原则，为学生掌握羽毛球运动技能提供充足的练习时间，使学生有更多的机会去学习和体验，这样羽毛球课堂教学的作用才能够得到充分发挥。

线上教学时间虽然较少，但更为灵活，学生可以在课余时间完成线上学习，在学生自主进行线上学习的过程中，可以先将学生遇到的普遍性问题进行汇总，然后由教师在课堂教学中集中指导和解答，针对个别学生的个别问题，可以在课堂上为其提供指导与帮助。此外，当学生与教师同时在线时，学生也可以在线提问，教师实时解答，这样可以节约课堂教学的时间，将更多的时间留给重难点教学内容。

（2）做好线上线下教学的衔接

关于线上线下混合教学模式，我们可以这样理解，通过线上学习的方式完成课前预习和课后巩固，通过线下教学的方式完成最重要的课中教学。课前、课中和课后是体育教学组织的三个重要环节，三者相互联系、密不可分。学生在课前以线上学习的方式预习将要学习的羽毛球知识与技能，课中教师在课堂上进行讲解、示范教学，同时也要结合学生课前线上预习的实际情况来安排与调整课中教学进度，在课堂上重点解决学生遇到的重难点问题。课后的巩固与延伸也是通过线上完成的，具体需要巩固哪些内容，在哪些方面需要延伸，要根据课中教学情况而定。线上的课前预习、课后巩固都与线下的课中教学内容息息相关，这样线上教学才更具有针对性和目的性。

总之，线上线下混合教学并不是随便将线上教学与线下教学拼凑在一起，而是要根据教学目标将二者合理衔接起来，使二者相互作用、相辅相成，从而提升羽毛球教学效果。

（3）提高教师制作线上教学资源的能力

在采用线上线下混合教学模式时，要做好备课环节的工作，无论下节课是要讲授羽毛球理论知识，还是传授羽毛球运动技能，教师都需要备课，搜集相关资料，根据教学目标、学生情况等，进一步加工制作这些搜集的资料，经过加工的资料更加有条理，重难点内容更加明确，能够为学生课前预习、课中学习和课后巩固提供指导。教师要具备一定的线上教学资源制作能力，要善于从学生的兴趣爱好出发制作线上教学资源，并能将羽毛球重、难点内容充分融入线上教学资源体系中，从而提升学生自主学习的积极性，并使学生通过有效的课前预习对羽毛球重、难点内容有一定的了解。因此，在羽毛球教师信息化教学能力的培养中，关于线上教学资源制作能力的培养绝对不可忽视。

（4）提高教师与学生的信息技术运用能力

在线上线下混合教学模式中，线下教学基本就是面对面教学，线上教学主要是借助电子设备和网络去完成。在线上教学中，教师和学生分别在网络的两端，教师要善于操作网络电子教学设备，为学生传输准确的教学信息，确保学生能够顺利获取信息，这对羽毛球教师的信息技术运用能力提出了一定的要求。例如，进行羽毛球直播教学、为学生推送教学资源、检查学生的课后巩固学习情况等，都需要体育教师熟练操作信息技术。同样，在网络另一端的学生也要学会熟练运用电子学习设备，利用信息技术手段获取自己需要的学习资源或教师传送的课件。只有教师和学生都具备良好的信息技术运用能力，线上教学才能顺利进行，教学效率和效果才能有所保障，线上教学才能充分发挥作用，更好地服务于线下教学。

（三）"动机—四性"教学模式

在高校羽毛球教学中，学生的动机水平直接决定其运动行为的选择、实施及保持。培养与提高学生的学习动机与运动参与动机非常重要，在羽毛球教学中教师应将激发学生的动机作为重要任务对待。如果能成功激发学生的学习动机，提高学生的运动参与兴趣，那么在羽毛球教学中将可能取得事半功倍的效果。

在羽毛球教学中认识到培养学生学习动机与运动参与动机的重要性后，要选择健身价值突出并且充满趣味的知识或技术作为教学内容，而且所选内容应该是丰富多元的，要使学生能根据自身情况而自主选择，使学生发挥自己的主体性。基于这一认识，有学者构建了"动机—四性"教学模式，其中"四性"包括健身性、趣味性、竞争性以及选择性。实施该模式，能够培养学生的身心健康素质，增强学生的竞争意识与竞争力，丰富学生的情感体验，充分发挥学生的自主性。在该模式下进行教学内容的设置时，要体现对不同等级或不同级别学生（根据学生羽毛球实际水平划分）的不同要求，根据不同等级学生的实际水平而确定有层次性和级别性的教学内容，并注意从初级到中级的教学内容的过渡性、层次性与连贯性。对不同级别学生采用不同的教学内容与方法进行教学，教材要有难易之分，要尽可能选择实用的教材和教学内容。

在"动机—四性"教学模式下将羽毛球教学过程划分为四个环节，第一环节是诊断，该环节主要采用讲解法与示范法教学，学生主要进行思考性学习；第二环节是引导，以教师指导与帮助为主；第三环节是互动，强调师生交流，教师及时指出学生的错误并帮助改正，第二与第三环节学生以合作学习为主；第四环节是竞赛，通过竞赛的形式考评学生的学习情况，学生主要进行对比学习，这一环节能够培养学生的竞争能力。"动机—四性"教学模式在羽毛球教育中的实施程序如图5-3所示。

在高校羽毛球教学中采用传统教学模式虽然也能达到教育目标，完成教育任务，但是教育效果却很难令人十分满意。传统教育教学模式对所有学生都提出了统一的要求，忽视了学生的个体差异，包括体质差异和运动能力差异，而且也不重视学生自主选择的权利，学生没有空间发挥主动性，被动学习的效果并不理想。"动机—四性"教学模式基于对学生个体差异的考虑而进行分级教学，在教学中教师要做好正确的演示或示范，在示范中配合讲解，对羽毛球技术动作的特点和规律进行讲解与分析，使学生对所学技术的知识信息有直观的认识与了解。学生在练习时，可以自主练习，如步伐练习、挥拍练习，也可以与同学进行对打练习，教师也可以安排集体分组练习。在学生自主练习或小组合作练习时，教师为学生提供关于练习内容与练习方法的自由选择空间，使学生选择适合自己的难以适宜的练习内容。对于练习方法的设计与选择，教师要给予指导与帮助，学生在教师的引导下重复练习，最后达到自动化熟练程度。经过一段时间的教与学，教师组织简易比赛来考查学生对羽毛球技术的掌握情况，并客观评价学习成果，及时反馈和改进教学。

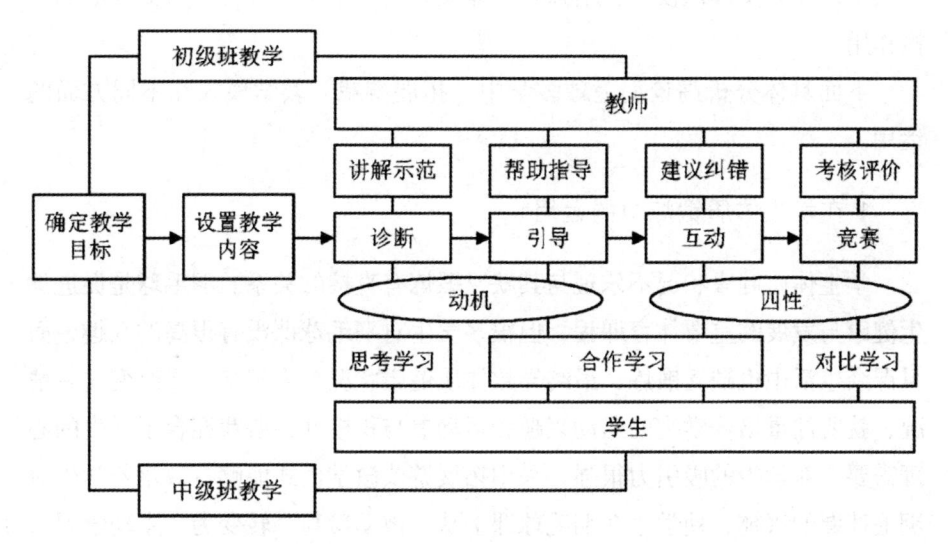

图5-3 "动机—四性"教学过程[1]

"动机—四性"教学模式充分尊重学生的个性，为学生发展个性与自主学习提供了自由空间与良好平台，使学生通过自主学习、选择式学习、合作学习来发挥能动性，培养合作能力与竞争力，帮助学生增强自信，形成学校羽毛球知识、技能和进行羽毛球锻炼的持久动力，这对于促进学生身心健康具有重要意义。

---

[1] 沈浙.以发展学生身体健康素质为培养目标的体育教学模式的研究与实践[J].运动，2014（6）：35-36，115.

（四）"拓展游戏"教学模式

体育与游戏本身就有很深的渊源，将羽毛球教学与游戏结合起来，以游戏的方式组织教学，有助于吸引学生参与，提升学生的学习兴趣，活跃课堂氛围，提高教学效果。因此，在羽毛球教学中应将"拓展游戏"教学模式运用其中，充分发挥该模式在增强学生体质和培养学生良好行为习惯方面的积极作用。

下面具体分析高校羽毛球教学中"拓展游戏"教学模式在不同方面的运用。

1.在学生体质锻炼中的运用

学生体质健康状况不乐观与其缺乏锻炼有直接的关系。羽毛球是促进学生健康与发展的重要体育课程，但很多学生对羽毛球课没有很高的兴趣，而且课余生活中也缺乏锻炼，最终导致体质健康状况令人担忧。要改变这一情况，就要注重培养学生的运动兴趣和运动参与积极性，游戏迎合了学生的心理需要，对学生的吸引力很强，采用拓展游戏教学模式能够有效培养学生对羽毛球课的兴趣，使学生在羽毛球课上从"被动参与"转变为"主动学习"，积极地参与羽毛球运动，这有助于改善学生的身心健康状况，提高学生的身心健康水平。

2.在规范性教育中的运用

游戏都是有规则的，教师设计羽毛球游戏时，一定要制定明确的游戏规则，提出游戏要求，并说明奖惩方式，强调学生在游戏活动中要自觉遵守规则，按要求完成游戏，并在游戏结束后接受奖励或惩罚。这有助于对学生的规则意识和良好行为习惯进行培养，提高学生遵守纪律的自觉性，这对学生思想道德水平的提升具有重要意义，而道德健康也是健康的一部分，是学生全面健康的重要组成部分。

3.在课堂结束部分的运用

完整的羽毛球课堂教学由准备部分、基本部分和结束部分三个部分组成，其中结束部分主要是让学生做一些放松性的整理活动，以达到消除疲劳、恢复身体机能的效果。放松活动的形式有很多，而游戏类放松活动对学生而言更有吸引力，学生更愿意以参与游戏活动的形式来结束整堂课。教师设计一些丰富有趣的游戏活动，使学生在游戏中放松身心，调节身体机能与心理，达到消除身心疲劳和提高健康水平的效果。

采用拓展游戏教学模式，对教师的游戏设计能力和运用能力提出了较高的要求，在选择羽毛球游戏时，要考虑游戏的可操作性，要根据教学条件选择操作性强的游戏，要尽可能将现有场地器材资源充分利用起来，同时体育教师也可以与学生共同制作一些简易教学工具来满足游戏之需。游戏活动以中小强度为主，否则无法起到缓解身心疲劳的效果，如果强度太大，也会打击学生的参与积极性。另外，教师要基于对学校教学条件、客观环境及学生实际情况的考虑而选择与设计羽毛球教学游戏，提高游戏设计的客观性、科学性和实效性。

三、加强羽毛球实践课教学模式的创新运用

羽毛球实践教学模式是指在羽毛球教学中，教师根据学生的实际情况，运用科学的教学方法和手段，有计划、有组织地进行实践教学活动。实践课教学模式注重学生的动手能力和技能培养，使学生在实践中掌握羽毛球运动的基本技巧和战术。

（一）羽毛球实践课教学模式特点

（1）注重实践操作：实践课教学模式以实际操作为主，让学生在动手实践中学习羽毛球技能，提高运动水平。

（2）个性化教学：根据学生的身体素质、年龄特点和运动能力，制订个性化的教学计划，因材施教。

（3）循序渐进：教学过程中，教师要从基本技能入手，由易到难、由简到繁，逐步提高学生的技术水平。

（4）师生互动：教师与学生充分互动，激发学生的学习兴趣，创造良好的教学氛围。

（5）注重战术培养：在实践教学中，教师要关注学生的战术素养，培养学生的团队协作能力和竞技水平。

（二）羽毛球实践课教学模式实施策略

（1）做好教学准备：教师要充分了解学生的基本状况，制订合理的教学计划，准备相应的教学器材。

（2）激发学生兴趣：通过游戏、竞赛等形式，激发学生学习羽毛球的兴趣，提高学生的积极性。

（3）规范基本动作：教师要强调基本动作的重要性，引导学生规范操作，为提高技能奠定基础。

（4）加强实践训练：加大实践训练力度，让学生在反复练习中不断提高技能水平。

（5）开展课外活动：组织课外羽毛球活动，如校际比赛、俱乐部联赛等，为学生提供展示才华的平台。

（6）注重素质培养：在教学过程中，注重培养学生的体育道德素质、心理素质和文化素质，促进学生全面发展。

羽毛球实践课教学模式是提高学生运动水平的关键环节。教师要不断探索和创新教学方法，关注学生的个体差异，激发学生的学习兴趣，加强实践训练，培养学生的战术素养和综合素质，为我国羽毛球事业的繁荣和发展贡献力量。

第五节 高校羽毛球教学质量评价体系构建

一、高校羽毛球教学质量评价体系构建的作用

高校羽毛球教学质量评价作为高校羽毛球教学工作的组成部分，有助于为教学方法的应用与调整、教学模式的改革提供依据，有助于激发学生学习兴趣及提升学生学习的主动性等。结合德尔菲法和层次分析法构建完善的羽毛球教学质量评价体系，可以较为准确地为高校羽毛球教学质量评价工作的开展提供基本依据，进一步明确羽毛球教学质量的主要影响因素，通过分析薄弱环节中的影响因素，督促羽毛球教师强化薄弱环节的改革与优化，引导教师进行有针对性的教学改革，进而推动高校羽毛球教学质量的提升，培养综合素质高的人才。

二、高校羽毛球教学质量评价体系构建的原则

构建高校羽毛球教学质量评价体系需要贯彻以下三项基本原则。

第一，坚持科学性与引导性相结合的原则，选取的评价体系指标要能够全面覆盖羽毛球教学活动开展的各个方面，确定指标权重要体现合理性，能够为羽毛球教学改革提供指引。

第二，坚持系统性与针对性相结合的原则，各级评价指标之间既具有明显关联，又能够独立反映羽毛球教学活动某方面的问题，具有一定的调整空间，在具体实施过程中可操作性应较强。

第三，坚持定性分析与定量分析相结合的原则，既要通过定性评价准确反映羽毛球教学活动开展的本质要求，又要通过量化分析展现出应有的客观性。

三、高校羽毛球教学质量评价体系构建的要点

（一）分析影响羽毛球教学质量的因素

结合高校羽毛球教学的一般特征，将影响教学质量的因素分为主观因素和客观因素。主观因素主要包括教师的备课情况、教学组织水平等方面的内容，客观因素主要包括教学硬件设施条件、教学评价反馈的及时性与准确性等内容。

（二）羽毛球教学质量评价体系指标权重及说明

利用层次分析法，结合羽毛球教学的一般特征，可将羽毛球教学质量评价体系的一级指标确定为课前准备、教学条件、教学过程、教学效果、评价反馈五个方面。利用德尔菲法，选择专家教授以评分方式对二级指标进行筛选，结合整体指标体系构建高校羽毛球教学质量评价体系指标说明表，具体如表5-1所示。

表5-1 高校羽毛球教学质量评价体系指标[①]

一级指标	二级指标	权重	排序	指标特征
课前准备	教学目标	0.055	11	目标是否明确、是否契合大纲要求是影响学生学习积极性的重要因素
	教学计划	0.057	9	制订教学计划需要先进行准确的学情分析，完善教学目标
	教案编写	0.074	5	教案编写是否合理、结构是否完善关系着内容的设置

---

① 钟晨.普通高校公共体育羽毛球课程教学质量评价体系构建研究[J].陕西教育（高教），2022（10）：30-32.

续表5-1

一级指标	二级指标	权重	排序	指标特征
教学条件	场地设施	0.051	12	场地建设能否满足日常训练要求、布局是否合理
	器材准备	0.045	13	器材设施供给是否充足，能否满足自主锻炼要求
教学过程	内容合理性	0.094	1	教学内容是否符合大纲和教学目标要求，技能学习流程是否科学，是否进行内容分层
	重难点突出	0.085	3	教学内容重、难点定位是否准确对学生学习重心有直接性影响
	教学态度	0.066	6	教师仪态、精神状态、组织纪律等对教学实施效果有直接性影响
	训练密度	0.084	4	训练密度是否符合课程要求、学生活动是否充分对学生学习主动性具有直接影响
	运动负荷水平	0.087	2	运动量、运动强度是否科学，是否具有调整空间
教学效果	教学目标达成	0.042	15	学生是否掌握运动技术，教学计划是否顺利完成
	知识应用能力	0.059	8	对羽毛球竞赛规则的了解、基本技术动作掌握水平、体育知识应用能力是否达到要求
	运动意识培养	0.061	7	是否养成良好的锻炼意识和运动习惯、能否积极进行自主学习
	情感态度	0.056	10	课堂气氛活跃程度、师生关系是否和谐、学生主体地位能否充分体现
教学评价反馈	课后指导	0.043	14	教师评价是否到位、反馈是否及时、能否给予学生正确指导
	教学反馈	0.041	16	教师是否能做好教学反思和案例研究，从而为后续教学改革提供参考

从指标权重排序来看，教学内容组织的合理性、运动负荷水平及教学重、难点是否突出是影响教学质量的最为关键的因素，这说明在高校羽毛球教学中，教师对教学过程组织的重视程度和实际能力对教学质量具有直接影响。

第六章

体育核心素养导向下高校羽毛球教学的创新发展

随着高等体育教育改革的不断深化，对提升大学生核心素养提出了很高的要求。培养大学生的体育核心素养，能够更好地推动大学生适应社会发展，实现全面发展。传统高校羽毛球教学重教轻学，存在"一刀切"现象，这些问题最终导致教学效果不尽如人意，既影响了羽毛球教学改革的推进，又限制了大学生体育核心素养的培育和全面发展。为了更好地将体育核心素养融入高校羽毛球教学中，充分发挥羽毛球教学培养大学生体育核心素养的价值，并进一步提高羽毛球教学质量，有必要在体育核心素养导向下进行高校羽毛球教学改革与创新。本章重点对此展开研究，首先分析体育核心素养导向下高校羽毛球教学创新发展的背景，然后重点从运动能力、健康行为、体育精神三个方面提出高校羽毛球教学创新发展的策略。

第一节 体育核心素养导向下高校羽毛球教学创新发展的背景分析

一、体育核心素养的培养顺应了课程改革的主要目标

关于培养学生核心素养，我国政府出台了一系列政策文件，如2014年发布《关于全面深化课程改革落实立德树人根本任务的意见》，提出"为了更加明确学生应具备的适应终身发展及社会发展需要的必备品格和关键能力，教育部将组织研究提出各学段学生发展的核心素养体系"。2016年，《中国学生发展核心素养》正式明确中国学生发展核心素养的总体框架、基本内涵和主要表现。这些不仅是新阶段我国体育课程改革的指导性文件，也指明了我国高校体育课程的改革方向，其中，培养学生体育学科核心素养具有划时代的意义。[①]

二、体育课程是培养学生核心素养的重要途径

核心素养是执行立德树人根本任务的重要途径，也是推进我国教育变革、提升我国教育竞争力的迫切需要。体育课程是素质教育的重要构成部分，应当充分发挥独特的健身育人功能。体育课程在执行"立德树人"的根本任务时，需要将培养与发展学生的核心素养贯穿于教学始末，把推进学生健康发展、培养学生良好道德品质、提升学生社会适应能力、培育新时期的社会主义接班人作为最终目标，为促进学生身心健康、综合全面发展做出更卓越的贡献。

---

① 黄冉.郑州市高校大学生体育核心素养现状调查及提升路径研究[D].郑州：郑州大学，2022：46.

三、加强羽毛球教学创新有利于培养学生的体育学科核心素养

在高校羽毛球教学中,教师加强教学创新有利于对教学活动进程的全面把握,从而根据教学情况进一步确立适当的教学目标、采取有效的教学策略、营造良好的课堂氛围、实施可行的教学评价,进而保证教学质量。教学创新是教学活动稳步推进和持续发展的根本保证。好的创新点可以使羽毛球教学效果事半功倍。羽毛球教学创新涉及多方面的工作,在创新中要夯实立德树人根本任务和健康第一指导思想,培养学生对羽毛球运动的兴趣,塑造学生优秀品德,促进学生形成终身体育意识和习惯,引导学生全面发展等。这对提升学生的体育学科核心素养具有重要意义。[①]

第二节 加强实践教学,提高运动能力

一、高校体育专业羽毛球实践教学

明确羽毛球专修课程的培养目标,突出体育专业的特点,增加学生能力培养方面的教学内容,是实践教学的关键。要明确体育专业羽毛球专修课程的培养目标,就要结合社会、学生以及学校体育教学的实际需求,打破传统的以培养学生技战术能力为主的目标体系,构建以培养教学能力、运动训练能力、社会体育指导能力、基层赛事组织能力为中心的综合能力培养体系,从而培养出能够适应工作需要的羽毛球人才。

[①] 贺子君.鄂东南地区普通高校大学生体育核心素养的现状调查及培养途径研究[D].黄石:湖北师范大学,2022:26.

在体育专业羽毛球专修课教学内容的选取方面，不仅要明确体育教学的指导思想，还要体现体育专业人才培养的规格要求，并按照专修课程培养目标来选择内容，保证教学内容具有较突出的教育价值、发展价值和实用价值，并能体现出学科内和学科间的交叉与渗透。面向体育专业的学生进行羽毛球教学，要将所有的羽毛球技术、战术作为主要教学内容，并适当增加练习强度，使学生达到熟练掌握、灵活应用以及能够指导他人学练的程度。此外，还要开展体能训练内容、综合能力培养的教学内容。体能训练内容要以一般体能训练为基础、专项体能训练内容为核心。综合能力培养的教学内容包括教学能力、训练能力、组织管理能力、科研能力、社会体育指导能力等方面的内容。这就要求突出教学内容的实用性、示范性和教育性，选取丰富的教学内容以培养与提升学生的综合能力（图6-1）。高校要合理安排上述各项内容所用的学时，适当增加关于组织教学训练技能部分的学时、游戏创编内容的学时、健身教学内容的学时，提高学生的教学能力、训练能力和社会体育指导能力。

在实践教学中要重点加强对学生专业能力的考核，重视教学能力、训练能力和组织管理能力的考核，适当增加对科研能力和社会体育指导能力的考核。

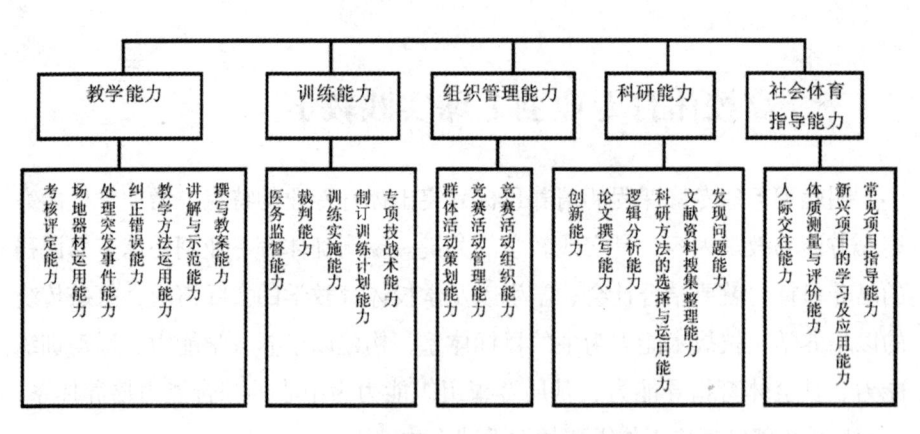

图6-1 体育专业学生综合能力培养

二、高校非体育专业羽毛球实践教学

高校非体育专业的公共羽毛球课教学以增强学生体质、培养学生的羽毛球兴趣和运动习惯、使学生具备基本的羽毛球运动能力为主要目标。因此，在公共羽毛球实践教学中应以基础体能训练、羽毛球基本技术以及趣味羽毛球游戏为主。

第一，通过有氧运动、力量训练、灵敏性训练等体能训练内容，使学生打好身体素质基础，为学习与掌握羽毛球技术做好身体准备。

第二，在羽毛球技术教学中以基本技术为主，如基本握拍技术、发球技术、接发球技术、吊球技术和杀球技术等。通过教学，使学生熟练掌握正确的握拍方法；掌握正反手发球的基本姿势和技巧，能够稳定地发球；能够正确判断来球方向，掌握接发球的技巧；能够掌握正反手吊球的基本技巧，准确地将球击打到指定位置；掌握正反手杀球的基本技巧，能够快速将球向下击打等。学生达到这样的水平，其已基本掌握羽毛球运动的核心能力。

第三，将趣味性羽毛球比赛作为教学内容之一，将羽毛球规则、基本战术融入教学中，使学生了解这些内容，并通过比赛培养学生的竞争意识与团队合作精神，并进一步提升对羽毛球运动的兴趣。

三、高校羽毛球实践教学方法创新

（一）加强分层教学

在高校羽毛球实践教学中，要以体能训练为基础，技术教学为核心，战术教学为延伸，从而全面提升大学生的身体素质和运动技能水平。但需要注意的是，不同学生的身体素质水平和运动能力有差异，因此在实践教学中要因材施教，不能搞"一刀切"，解决部分学生"吃不饱"和部分学生"吃不了"的问题。这就要求对传统实践教学方式进行改革，在实践教学中引入分层次教学法，调动不同水平学生学习的积极性，使不同水平学生的运动能力都能有所提升。

在羽毛球实践教学中实施分层教学时，需要先对学生进行层级划分，主要依据是学生在羽毛球课堂上的表现，一般分为三个层级，即初级、中级、高级。针对不同层级的学生提出不同的教学要求，实施不同的教学内容，采取不同的教学方式。

对于初级学生，基本教学要求是学生完成基本学习任务，要求其对握拍方法、基本击球姿势有所掌握，并熟悉球性，教师采取的教学方式以讲解和示范相结合的方法为主，及时干预学生的错误动作，并鼓励初级学生努力进入中级通道。

对于中级学生，基本教学要求是完成全部学习任务，并且变被动学习为主动学习，将反手打高远球、反手发球、反手吊球以及结合技术掌握好，教师采取的教学方式以游戏法、小组合作练习法为主，并鼓励中级学生努力进入高级通道。

对于高级学生，基本教学要求是全部完成学习任务的同时有针对性地提高技能水平，将羽毛球难度技术和基本战术掌握好，教师鼓励这一层级的学生参加羽毛球比赛，在实战中提升运动水平。

在羽毛球实践教学中实施分层教学方式时，可以适当引入竞争机制，激励学生力争上游。

（二）培养战术意识

1.培养大学生羽毛球战术意识的重要性

（1）战术意识是提高战术能力的重要内容

大学生在羽毛球比赛中要想能合理运用战术，发挥各个战术的作用，达到预期的战术效果，就要在赛前了解对方情况，客观判断，制订战术方案，在比赛中根据比赛情况的变化而灵活选用与实施战术，可见，战术实施效果与运动员的判断力、分析力、临场应变力等息息相关。此外，战术意识也是影响战术效果的重要因素之一。在羽毛球比赛中，场上情况瞬息万变，运动员在赛前不可能周密地规划出每个攻防行动、配合行动，不可能完全准确地预测对方的打法和变化，在千变万化的比赛中虽然要按既定战术方针去对抗，要执行周密的战术方案，但很难完全不做调整与改变，运动员能否根据临场情况而灵活运用战术，这是其战术意识强弱的表现。

大学生的羽毛球战术意识是其战术能力的重要组成部分之一，在专项战术能力的系统培养中必然要加强对战术意识的培养，促进大学生羽毛球战术意识的形成与强化。

（2）战术意识影响运动成绩

运动员的比赛成绩是由其比赛能力决定的，比赛能力是综合能力，包含体能、技战术、心理、智能等多方面的素质。羽毛球是一项间接对抗的球类运动，控制与反控制的对抗斗争贯穿于羽毛球比赛的整个过程中。参赛选手为得分获胜，想方设法发挥自己的优势，规避短板，并限制对方发挥特长，专打对方的空当与弱势之处。而当比赛双方实力相当时，战术意识的作用便显得特别重要，在旗鼓相当的比赛中，战术意识强的运动员往往能够正确选用战术，将每个战术都发挥得淋漓尽致，抓住每个得分的机会，最终取得比赛的胜利。总之，战术意识作为战术能力的一部分，对运动员比赛成绩的影响是不容小觑的。

2.遵循羽毛球战术的选择与实施原则

羽毛球战术包括单打战术、双打战术，单、双打战术中又有进攻战术和防守战术。羽毛球攻守战术内容丰富，形式多样，在比赛中要合理选用与科学实施，最大程度地发挥各项战术的功能与作用，从而达到制衡对方、争取主动、得分获胜的目的。为保证战术选用的合理性与实施的有效性，大学生在羽毛球赛事中运用战术要遵循以下原则。

（1）坚定战术意识原则

战术意识是羽毛球运动员对客观存在的战术活动的人脑反映，是一种完整而高级的心理形式，它形成于战术活动中。羽毛球运动员在比赛中选用战术，首先必须坚定战术意识，贯彻这一原则具有以下重要意义。

第一，保证运动员在激烈的控制与反控制过程中明确自己的行动，清楚战术目的、战术运用时机，对战术完成的过程进行预估，并对战术实施中的行为偏差予以修正等。

第二，坚定战术意识，通过持久的战术意识来维持战术行动的稳定性，使运动员即使在身体疲劳的情况下依然有清醒的战术意识，依然能坚持对抗，控制对方。

第三，羽毛球比赛时间较长，在高水平的比赛中，双方势均力敌，比赛过程更加漫长，在这个过程中会有诸多因素对战术行动效果造成影响，阶段性战术失灵的现象是比较常见的。此时，如果运动员缺乏坚定的战术意识，当其面对战术失灵时可能会对战术设计产生怀疑，或着急调整战术，从而导致战术混乱，陷入被动局面，造成比赛失利的后果。

总之，必须培养学生拥有坚定的战术意识，这是其采取战术行动的基本前提。

（2）针对性原则

羽毛球运动员在比赛中对各种战术方法的合理选用需要参考诸多主客观因素，如比赛环境；双方的身心素质、打法风格、技术水平等，在综合考虑这些影响因素的基础上对适宜的、具有针对性的战术方案做出合理的选用，达到扬长避短的效果。

在羽毛球比赛中科学贯彻针对性原则来选用和实施战术，要注意以下几点要求。

第一，从双方身体素质水平出发进行选择，战术的选择与双方身材大小、体能强弱等因素有关。例如，身材高大、肌肉力量强的选手适合在后场采用下压战术，具有很强的攻击性；身材较小，但灵敏性和协调性好的选手适合采用守中反攻战术；等等。

第二，从双方心理素质、性格特征出发进行选择。个人的技术风格、战术习惯往往受自身性格的影响，如性格外向的选手采用全攻型战术打法是比较合适的。

第三，从双方技术水平出发进行选择。战术的执行是以丰富的技术动作为基础的，技术全面是灵活实施多样化战术的前提。因此，双方技术水平是采取战术行动时必须考虑的主要因素之一。

运动员对各种专门战术的选用受到上述诸多主客观因素的影响，而且这些因素的影响不是孤立单一的，也不是完全绝对的。这些因素之间互为补充，因此要综合考虑多方面的因素才能确保战术选用的合理性与实施的有效性。

（3）灵活性原则

羽毛球比赛竞争激烈，赛况瞬息万变，不确定的随机性因素有很多，选手要能够根据不断变化的场上情况灵活选择与实施战术。在比赛前，大学生运动员必须做好战术的常规准备，以便在正式比赛中能够根据不同的情况及时灵活地采用。应对不同的比赛局面不能采用固定单一的战术打法模式，要不拘一格，灵活应变，只有在结合实际的基础上求新、求变，才能获得良好的战术效果。

在羽毛球比赛中根据比赛情况实施羽毛球既定战术时，也要从实际出发来局部调整战术，必要时要做出很大的调整与更替。因为比赛中常常出现一些意料之外的情况，所以在不破坏战术规律的前提下对战术打法方式进行适当调整是很有必要的，这是运动员良好战术应变能力的体现。

总之，羽毛球运动员在比赛中要善于从千变万化的战局形势出发，对比赛情况进行综合分析，在战术的运用上做到灵活调整与适时变化，从而使对手陷入"被动接招"的局面。

（4）以我为主原则

大学生在羽毛球比赛中不管实施哪项战术，都要贯彻以我为主的基本原则。在比赛前，要根据对赛事、自己及对手的综合分析而制定备用战术方案，在比赛中根据实际情况落实方案，当出现战术失误时，不要盲目怀疑既定战术，更不要随意改变方案，要冷静应对，先局部调整，充分展现自己的打法风格与特色，发挥自身优势，不要轻易更改在长期训练中形成的战术打法风格，否则会导致优势丧失，陷入被动。

（5）实效性原则

实施任何一项战术，都要考虑它的实效性，要懂得权衡利弊，保证比赛效果。例如，如果两种羽毛球战术方法在相同条件下能达到相同的效果，那么要将自己更能够把握和有效完成的战术方法作为首选。再如，当两种战术方法难度系数相同时，则选择对自己更有利的战术方法。权衡利弊的目的在于追求比赛的实际效果。

3.大学生羽毛球战术意识的培养策略

（1）加强战术理论知识教育

对大学生的羽毛球战术意识进行培养，首先要进行理论教育，给大学生传授有关羽毛球运动战术的理论知识，使其了解羽毛球战术的内涵、类型、形成规律与特点，同时掌握战术运用原则与策略，从而为采取战术行动提供理论指导。

（2）提高重视程度

羽毛球教师与教练员是培养大学生羽毛球战术意识的主体，教练员的专项理论知识水平、对战术意识重要性的思想认识水平以及对战术意识培养的重视程度等都是影响大学生羽毛球战术意识形成与提升的关键因素。

羽毛球教师与教练员应高度重视对大学生运动员战术意识的培养，在日常体能与技战术训练中融入培养战术意识的内容，有目的地开展战术意识的系统培养工作。在战术意识培养中，要结合比赛培养运动员的观察能力、分析能力、判断能力以及灵敏反应和解决问题的能力，通过提高运动员的这些能力而促进其战术意识的形成与强化。

（3）练好基本功

对于大学生来说，其战术意识的形成与发展离不开一个重要的物质基础，那就是对羽毛球技战术的全面掌握与熟练运用。战术意识是抽象的，最终体现与落实在技战术的发挥过程中，因此必须先练好基本功，将基本技术熟练掌握好，积累实践经验，为战术意识的形成打好基础。

（4）注重智力训练

战术意识与智能密切关联，通过智力训练，提升大学生的思维能力和运动智能水平，可以有效促进战术意识的形成与提升。在智力训练与培养中，要特别重视对分析判断能力、概括推理能力以及综合能力的培养，这些能力也是影响羽毛球战术意识形成的关键因素。

思维灵活、创造思维突出的大学生往往战术意识较强，战术行动积极准确，战术行动效果良好，对提高最终运动成绩有积极作用。

（5）分析和讨论比赛案例，了解战术变化策略与方法

结合精彩的羽毛球比赛来分析讨论，了解比赛中选手的战术行动与灵活

变化过程，能够激发大学生对战术意识的重视，对羽毛球战术意识进行有效培养。因此，大学生要争取机会参加羽毛球赛事，在实战中提升自己的比赛能力，积累丰富的比赛经验，从成功与失败中总结经验教训，不断强化自身战术意识。

羽毛球比赛有输有赢，不管结果如何，都应该有所收获，在实战中成长，认真总结经验，不断调整自己，形成强烈的战术意识，为下一次参加比赛做好准备。

（三）设计健身游戏

羽毛球有许多非常有趣且有效的游戏锻炼方法，有针对身体素质设计的游戏，也有针对不同步法和击球技术设计的游戏，大学生参与这些游戏，对提高球感和羽毛球运动能力十分有效。游戏锻炼方法一般而言对各个水平的大学生都是适用的，因为游戏练习最大的特点是具有很强的趣味性，可以使运动过程变得更轻松，特别是多人游戏练习，可以弥补单一训练方式的枯燥乏味，使大学生的技术在不知不觉中得到提升。游戏训练也常常被运用到高水平运动员的专业训练中，他们往往会在高强度训练的间隙，或者休息时间进行训练，既可以调节紧张的神经，又可以放松心理和身体，起到很好的过渡和缓冲作用。

下面具体分析几种适合大学生参与的羽毛球游戏。

1."喊号接球"游戏

"喊号接球"是针对羽毛球步法技巧的游戏练习方法，可以很好地帮助大学生提高步法的灵活性和稳定性。传统的步法练习相对枯燥，导致步法练习效果始终难以有质的突破。大学生练习羽毛球步法常常以跑步为主，以提高速度和耐力，但是缺乏对步法的针对性练习。而趣味游戏练习恰恰弥补了这一缺憾，成为羽毛球步法练习的新渠道和新途径。"喊号接球"这一针对羽毛球步法练习开发的新游戏的应用使传统步法练习方式得到创新，并带给大学生轻松愉快的步法练习体验。

该游戏适合集体进行，不适合个人或者人数较少的情况。首先，将大学生分组，每10人1组，每组1只羽毛球，每人1只球拍。发球者站在小组成员的对面，并通过大声喊号的方式开展游戏，如1~10号，被叫号学生直接上前接球并进行击打，这可以锻炼学生的步法控制能力和快速反应能力。被喊到号码但未成功接球的学生视为失败。整个练习过程中由于发球的方向不一，可以对学生垫步、交叉步、跨步等不同步法的练习起到良好的作用。

2."易拉罐投球"游戏

羽毛球运动对参与者定点击球能力的要求比较高，大学生如果能够对球的落地有精准的掌控，那么在业余比赛中就容易取得优势。比如，通过精准控球，让球落在对方完全无法接到但又恰好在线内的位置，从而获得主动权。

"易拉罐投球"是一种定点投球的游戏方式。易拉罐只是一个形象的说法，刚开始练习时，可以选择一个口径大于易拉罐直径的容器，如小桶或者大点的瓶子等，容器大小以能够容纳10个左右的羽毛球为宜。练习时，选择一个较宽敞的空间，在距离容器5米处画一条线，大学生站在线后，用球拍将球依次击入容器内，且不能打翻容器。

3.封网对墙壁击球游戏

大学生站于墙壁正前方的1.5米处，练习用封网动作连续向墙壁击球。该游戏的难点是一开始练习时，往往接不到球，因为球的反弹速度大于挥臂速度。游戏过程中大学生的手臂几乎要一直保持高举状态，主要用手腕和手指的力度击球，用心体会小臂、手腕和手指的快速配合发力感。此外，还要注意缩小手臂的摆弧。

4.两人坐地挑球游戏

两人坐在地上，相距5米左右，用正、反手做来回挑球练习。要尽量保持球不落地。这是一种培养手感和球感的游戏，无须步法和腿的配合，要求大学生专注于对小臂和手腕接球和击球力度与速度的观察与体会。这一练习也可以在较大强度运动锻炼的间歇时间进行，或者作为锻炼后的放松活动，通过游戏，可以使紧张的神经恢复松弛。

5.三人传球游戏

三人围成一个直径约为6米的圆，每人手持一支羽毛球拍，其中一人持球，将球传给右手边的同伴，接球者要用反手接球，然后再传给另一名同伴，该同伴可以根据情况选择正手或者反手接球，再传回给第一名同学。循环往复练习，在接对方的来球时，球拍应先后仰缓冲，尽量使来球稳稳地停留在自己的球拍上，然后再让球下落，并顺势还击给对方。

三人传球游戏既增加了游戏难度，也增加了游戏的趣味性，多人参与游戏比独自锻炼更能激发大学生的兴奋度，使其在游戏中更加投入，对提高其接传球能力有明显作用。

6.四人传抢游戏

4人各持一支球拍，其中3人在一个直径2米的圆圈内站成等边三角形。球在围成等边三角形的3人之间来回不停地传接。第4人站在圆圈中心用球拍拦截从他头顶经过的传球，但不能跳跃拦球。3名传接球的学生需要尽量高传球，以避免被拦截。在此过程中，传接球者必须直接击回来球，尽量不要让球落地，接球失败或发球被圆圈中心同学拦截住，那么交换位置重新开始游戏。

四、坚持体教融合，加强羽毛球实践教学改革

（一）体教融合的意义

随着我国社会的高速发展和教育事业的不断进步，体育与教育的整合已成为我国现代教育改革的重要方向之一。体教融合是一种旨在推动体育和教育相互融合、相互促进的教育模式，它强调在教育过程中不仅要注重学生的学术成就，还要重视他们的身体健康和全面发展。

高等教育院校是国家人才培养的重要基地，高校体育教学的质量和效果

直接关系到国家人才培养的质量和层次。近年来，随着国家对高等体育教育的重视程度不断提高，高校体育教学改革已成为教育界和体育界关注的焦点。体教融合为高校体育教学改革提供了新的视角和思路，它强调以学生为中心，通过体育活动促进学生身心健康水平和社会适应能力的提高，同时也促进了学生的学术成长和个人发展。体教融合背景下的高校体育教学改革，旨在通过体育和学术教育的有机结合，为学生提供一个全面、多元和开放的学习环境，以促进他们的全面发展。这种教学改革不仅有助于提高学生的体质和运动能力，还有助于培养他们的团队合作精神、社会责任感和创新思维能力。它为学生提供了一个实践、探索和创新的平台，有助于培养他们的综合素质和社会适应能力。

1.助力现代人才培养体系建设

在全球化、信息化的大背景下，现代社会对于人才的需求趋向多元化和综合化。人才不仅需要具备扎实的知识基础和专业技能，还需要有良好的体魄、创新思维和社会交往能力。体教融合作为一种全新的教育模式，将体育教育和普通教育融为一体，对于助力现代人才培养体系建设具有重大的意义。

一方面，体教融合是促进个体全面发展的有效路径。现代人才培养体系倡导个体的全面发展，强调德、智、体全面发展的重要性。体教融合正是基于这一理念，强调在普通教育的基础上，将体育教育有机融入，以促进学生的身体健康，提高其身心素质。通过参与体育活动，学生不仅能够锻炼身体、增强体质，还能在团队协作、竞争挑战中培养团队意识、责任心和解决问题的能力，为其未来的社会生活和职业发展奠定基础。

另一方面，体教融合有助于拓展现代人才培养体系的内涵和外延。传统的教育模式往往过于注重知识传授和考试评价，而忽视了个体实践能力和创新思维的培养。体教融合则通过将体育教育与普通教育相结合，为学生提供一个全面、多元、实践的教学平台，使学生能够在实践中学习、在挑战中成长。通过体教融合，学生能够在实际操作和团队合作中锻炼和提升自我，使得现代人才培养体系变得更为丰富多元。

2.满足现代社会的人才需要

在快速发展和变革的现代社会中,人才是推动社会进步和实现可持续发展的重要力量。当前,社会对于具备全面素质人才的需求日益凸显,对于高校体育教学改革及其在人才培养方面的重要作用提出了更高的要求。体教融合作为一种富有创新和前瞻性的教育模式,其在满足现代社会人才需求方面的意义不容忽视。

首先,体教融合助力于培养具有健康体魄的人才。在现代社会中,健康成为人们追求的重要价值之一。一个健康的体魄是个体面对社会挑战、实现个人价值和社会价值的基础。体教融合通过将体育教育与普通教育相结合,使得学生在获得知识和技能的同时,也能够拥有一个健康的身体。这不仅有助于个人的长期发展,也能够为社会培养具有健康体魄的人才,满足现代社会对健康人才的需求。

其次,体教融合有助于培养具有团队协作和社会交往能力的人才。体育活动往往需要团队的合作和协调,通过体教融合,学生能够在体育活动中提高团队合作意识和社会交往能力。在现代社会中,团队协作和社会交往能力成为人才评价的重要标准。体教融合为学生提供了丰富的团队活动和社会交往的机会,有助于培养学生的团队协作精神和社会交往能力,以满足社会对高素质人才的需求。

(二)体教融合背景下高校羽毛球实践教学改革路径

1.更新教育理念,推广体教融合思想

在新时期的体教融合背景下,高校羽毛球教学改革的首要任务便是更新教育理念,全面推广体教融合思想。这一改革路径的核心目标是实现体育与教育的有机融合,从而全面提高高校羽毛球教学的质量和效率。

一方面,强化羽毛球教育的价值意识是更新教育理念的基础。应当明确体育不仅是技能的传授,还是学生身心发展的重要组成部分。通过加强羽毛球教育的价值宣传,能够帮助教育工作者及全社会充分认识到羽毛球教育对于培养学生综合素质、提高学生身心健康水平的重要作用，为更新教育理念奠定基础。

另一方面，推广体教融合思想是实现教育理念更新的关键。通过开展系列的学术研讨会、教育培训和公共宣传活动，不断强化体教融合的重要性和必要性，提升教师、学生和社会的体教融合意识。同时，加强与国际先进教育体系的交流与合作，引进和借鉴国外成功的体教融合模式和经验，不断丰富和完善体教融合的理论体系和实践模式。

在上述指导思想下，要积极推动学校管理层、教师和学生共同参与体教融合的实践活动，形成全校范围内的体教融合推动力量。通过设计并实施一系列体教融合的羽毛球教学实验和项目，不断探索适合本校的体教融合教学模式，推动教育理念的创新和实践。

2.羽毛球赛事融合

体教融合背景下，高校羽毛球教学需要打破传统的单一模式，融入各类赛事，以促进学生的全面发展。

第一，高校可以积极组织校内羽毛球赛事。通过这些赛事，可以激发学生参与羽毛球活动的热情，让学生在比赛中体验到竞技拼搏的乐趣。同时，校内羽毛球赛事还能为学生提供展示自己才能的舞台，增强学生的自信心和自尊心。

第二，高校可以积极参与校际体育赛事，如全国大学生运动会、各省市大学生体育比赛等。这些赛事可以为学生提供更广阔的竞技舞台，让学生在激烈的比赛中锻炼自己的竞技能力，同时也能增强学生的交流和沟通能力。

第三，高校可以建立羽毛球俱乐部，为学生提供更加多样化的羽毛球活动，让学生结交更多的朋友，同时也能增强学生的组织和管理能力。

在高校羽毛球实践教学中对体教融合的践行与落实应该从多个角度进行。只有这样，才能真正实现体育与教育的深度融合，提高高校羽毛球教学的质量和效果。

第三节　坚持健康第一，养成健康行为

一、正确认识健康第一的教育理念

健康第一作为教育工作的一项要求由来已久。1942年，陶行知在一次讲演中就曾说道：学校教育要做到"健康第一"。20世纪50年代，针对学生学习负担过重、身体健康水平下降的状况，毛泽东主席曾两次写信给当时的教育部部长，提出"健康第一，学习第二"的方针。在今天，一些地方和学校仍然对体育课的认识不到位，不注重开展课外体育活动，体育活动质量也有待提高，学生身体素质下降、肥胖、近视等健康问题普遍存在。对此，习近平总书记在2018年的全国教育大会上不仅重申健康第一，并且明确将其上升到教育理念的高度。这就意味着，树立健康第一的教育理念不只是加强体育锻炼，更是事关当代中国教育整体走向的重大问题。

树立健康第一的教育理念，不仅要在教育中关心学生健康，而且要将此作为教育的最优先事项。在当前的教育环境下，有的家长和教师明知教育中短视、功利的做法严重影响了学生的身心健康，也明知这种教育偏离正轨，却又深陷其中无法自拔。强调健康第一，表达了扭转当前教育生态的迫切和决心，有利于最大限度地唤醒扭转教育生态的力量。需要注意的是，健康第一并不只是对症下药，无论在什么时代，无论现实教育境况如何，只要人们对健康有科学的认识，健康第一就必然是真实存在的教育理念，表达着教育应该有的追求和遵循。并且，我们越是能够深入地认识到健康与教育的关系，就越会认同健康第一的教育理念。

一方面，健康是教育的起点和基础。无论教育的目标是什么，也无论通过教育要培养什么样的人，首要任务是呵护和促进学生健康，使学生不受疾病侵扰，并且保持活力，有良好的适应能力。人的身体健康与心理健康不可分割，只要有一方面不健康，就不是真正的、可持续的健康。当教育造就的不是一个躯体、一个心灵，而是一个健康的人时，它的目的才有充分实现的可能，它才是一种科学有效的教育。从这个意义上说，健康第一就是把人作为整体，把健康视为教育第一阶段最重要的关切点。这不仅是教育实践上的优先，更是教育逻辑上的优先。①

另一方面，健康是教育的归宿和目的。对于一个人来说，健康不仅是一种资源，也是本身值得追求的一种理想状态、一个人生目标。对于处在成长过程中的青少年来说尤其如此。生来就身心完全健康的人很少，能够成为一个身体、精神和在社会适应上完全健康的人可能更少，但教育不能失去方向，不能没有理想。树立健康第一的教育理念，就是使教育坚守理想，助力鲜活生命茁壮成长，使青少年逐步发掘并展现其人性的全部自然禀赋，达到其作为人的本质规定和理想状态。

健康第一作为教育理念，既展现了理想的教育图景，也表明了教育的理想追求。要使理想成为现实，就必须付诸行动。也就是说，在学校教育中必须牢固树立健康第一的教育理念，真正以该理念为指导进行教育教学改革，关注学生健康，切实提升学生健康水平，塑造全面健康的青少年。

二、培养大学生健康行为的策略

健康第一视角下高校羽毛球教学培养大学生健康行为的策略如下。

（一）创建支持性教学环境

良好的环境条件将促使行为动机得以实现，并能促进新行为的形成、巩固和维持，因此良好的羽毛球教学环境对学生健康运动行为有显著的影响。在高校羽毛球教学中要创建健康促进支持性环境，包括加强羽毛球场地设施建设，为学生提供良好的物质环境；宣传羽毛球赛事，营造良好的校园羽毛球文化，为学生参与羽毛球运动提供精神激励。

---

① 周治华.全面理解健康第一的教育理念[J].新教师，2022（9）：16-19.

（二）开展健康认知教育

在高校羽毛球教学中要适当融入健康教育，学生掌握基本的健康常识与健康促进方法，使学生将所学健康知识运用到羽毛球锻炼中，促进其健康水平的提升和健康行为意识的增强。开展健康教育还能够使学生对羽毛球运动的育人价值有更充分的了解，如完善人格、磨炼意志、提升品格等。在羽毛球教学过程中适当进行价值引领，能够改变一些高校的羽毛球课只是活动课的现状，还能将羽毛球运动促进学生全面发展的独特作用充分彰显出来，使羽毛球课程进一步发挥不可替代的育人功能和价值，真正为健康中国、体教融合服务。

（三）融入安全教育

在主观意识层面，校园安全事故与大学生的体育行为、思想意识、技术动作认知、规则知识密不可分，在高校羽毛球教学中要特别加强安全教育，如防控运动风险的教育、运动健康教育、处理常见运动损伤的教育和应对运动突发事故的教育等。在羽毛球实践教学中也可以融入安全教育，如规范学生的技术动作，纠正学生的错误动作，使学生掌握科学的练习方法和保护技术，减少运动损伤发生的概率。此外，还要做好对运动场地设施的安全监管工作，并为学生参与羽毛球运动提供正确的思想指引和行为引导，促进学生安全运动意识的增强和健康运动行为习惯的养成。

（四）发挥社团的行为引导作用

高校体育社团是弘扬校园文化、深化学生品德教育和提高学生综合素质的主阵地。高校羽毛球社团作为高校体育社团的一部分，同样具有这些方面的作用。发挥高校羽毛球社团的作用，鼓励学生参与羽毛球社团活动，能够使学生从思想上融入群体，逐渐养成良好的运动习惯。高校羽毛球社团组织的羽毛球比赛活动是强化学生良好运动行为的主要载体，学生参与比赛能够促进社会实践能力、合作竞争能力以及自我管理能力的提升，这些能力的提升也会进一步促进学生体育行为习惯的保持和改善。[①]

三、全民健身背景下高校羽毛球教学改革

（一）全民健身与高校体育教学的相互作用

高校大学生正处于青年发展时期，无论是其身体还是心理，均处于日趋成熟的阶段，但依照心理成长规律来看，大学生的身心仍需要不断的发展和完善。而高校体育作为体育教学的最终环节，会对大学生身心发展起到重要影响。如何提升体育教学质量，获得较好的教育成果，是社会赋予高校的重要使命，需要进行大范围的分析和探究。随着社会的不断发展，全民健身理念逐渐形成，在新时代和新要求下，社会对高校的体育教学提出了更高的标准。如何在现代化的建设阶段同步发展高校体育教学工作，是我国体育事业发展的重要内容。社会的繁荣和进步从根本上来讲就是国民素质的提高，其中就包括身体素质。身体素质是思想等素质的物质基础，只有具备更加良好的身体素质，才能达到思想素质和科学文化素质的更好提升。大学生作为社会发展的主力军，必须实现德智体美劳全面发展。以此为基础，基于全民健身的时代发展背景，研究高校体育教学改革，能够为服务于当代社会发展提供理论依据。

1.全民健身促进高校体育教学更快吸收社会体育元素

在开展素质教育的进程中，大多数高校已经明确了体育教学的作用，认为大学生的身体素质对其他素质的发展可起到明显的促进作用，能有效提高他们的各方面素质，所以要求高校体育教学必须与社会发展相匹配。自全民

[①] 鲁海涛.高校体育健康促进对大学生运动行为的导向性分析[J].安阳师范学院学报，2022（5）：102-107，114.

健身概念提出以来，逐步在高等院校体育课程中得到广泛应用，通过不断的发展，与高等院校社会体育课程融合，以同步当前社会体育发展的主要过程，确定当前高校体育发展的主要模式，使其在发展过程中具备独特的理念。也因为全民健身作为当前社会体育的一种重要发展方式，就其根本特点而言，可直观体现当前的社会体育发展现状，因此想要推动高校体育教学事业的健康发展，必须促进社会体育元素的吸收。结合当前社会体育的发展情况，全民健身在高校体育改革中具有强大的促进作用。

首先，全民健身的范围较广，参与人数较多，具备大众性和全面性特征。在基础设施上，不仅为高校体育教学提供了设备保障，也可以激发大学生参与社会体育项目的积极性。

其次，全民健身计划具备娴熟的体育技能，能够平衡高校体育教学的发展趋势，增强高校大学生的身体素质，激发大学生参与大众体育的兴趣，从而推进高校大学生体育运动发展浪潮。为迎合全民健身的时代发展要求，高校体育教学在制度建设和体系构建中，均以社会体育元素为创新导向，融入大学生能够接受的普通项目，集体育娱乐项目和教学内容为一体，促进高校体育教学的多元化发展。

2.高校体育教学改革助推全民健身运动的开展

全民健身运动强调全民参与，主要特点是参与人数多，而高等体育院校是专业性较强的体育人才聚集地，在参与人数这一要求上具有天然的优势，高等院校的体育专业学生在全民运动中担任着重要的角色。较普通人而言，体育院校的专业学生体育技能相对熟练，体育专业知识牢固，体育素养较高，在参与全民健身运动中将起到重要的带头作用，能够带动周围更多的体育爱好者参与活动，促进全民健身运动的完善，高等院校体育教学改革对全民健身运动的重要性由此可见。

全民健身与高校体育教学改革相互作用、相互辅助，二者缺一不可。全民健身理念的贯彻，离不开高校体育教育改革，高校体育教学改革也需要全民健身理念的有效指导。只有将二者的发展有效结合起来，才能满足人民日益增长的体育文化需求，促进我国体育事业的突飞猛进，使得终身体育的理念深入人心。

（二）全民健身时代背景下高校羽毛球教学改革的建议

全民健身战略计划的实施有效地推动了我国群众性体育运动的发展。而高校体育作为学校体育与社会体育关联最为密切的环节，在此全新的社会发展形势下，积极调整教学体系的结构、促进教学体系的创新，就成为适应当前社会发展形势、提高自身适应性与实效性的必要条件。对于高校羽毛球教学而言，以适应全民健身运动发展需求为核心目标的教学创新，具有极其重要的现实意义。首先，能够实现高校羽毛球教学与社会大众羽毛球运动的有机连接，进而为确保高校羽毛球教学在价值取向上的调整提供保障，成为提高高校羽毛球教学社会实用价值的重要基础；其次，大众性羽毛球运动元素的融入，修正了高校传统羽毛球教学体系所凸显的功利性与狭隘性的弊端，还原了高校羽毛球教学的本真含义，使之成为高校学生增强体质、体验运动快乐、享受健康生活的重要手段；再次，有助于切实发挥高校羽毛球教学的育人功能，培养与输送具有较高羽毛球综合素质能力的人才，进而有效地推动社会羽毛球运动的发展；最后，能够对学生的学习兴趣产生积极的唤醒、激发与促进作用，有效地增加校园羽毛球的人口数量，形成高校羽毛球运动发展的全新局面，进而为实现与社会羽毛球运动的交流与融合提供保障。

具体而言，在全民健身时代背景下进行羽毛球教学改革与创新，要从以下几方面努力。

1.在全民健身背景下，羽毛球运动应以长期性运动为指导思想

任何项目的发展都离不开一定的指导思想，羽毛球运动的指导思想对羽毛球运动全民化具有深远的影响。从教学角度讲，对羽毛球运动进行考察，也可以发现其教学必须以一定的指导思想为支撑。我们致力于实现羽毛球运动的全民化，最根本的目的还是提高人民群众的身体综合素质。要想实现这一目的，必须树立长期性羽毛球运动的思想，并使每个羽毛球运动爱好者都认识到长期性运动的重要性。换言之，学生要坚持不懈地参与羽毛球运动，甚至将其作为一生坚持的运动习惯。

2.以适应全民健身运动的发展为导向，强调羽毛球教学价值取向的创新

全民健身运动的目的在于推动我国群众性体育运动的蓬勃发展，提高全民族的健康素质，增进其生活幸福感。在此发展目标的引导下，我国群众性羽毛球运动得到了有效的普及与发展，大众羽毛球健身会馆、羽毛球俱乐部以及以社区群体为主要参与者的社会羽毛球运动组织，在我国各级城市中星罗棋布，广大羽毛球爱好者不仅将羽毛球运动作为参与全民健身运动的主要形式，同时还将羽毛球运动视为其业余文化生活的重要内容。受此影响，要求高校羽毛球教学必须要彻底打破"唯成绩论"思想的束缚，修正传统教学体系中所存在的狭隘性、局限性以及陈旧性的弊端，转变以培养学生对指定技术的把握能力、满足达标测试需求为核心的培养目标，将羽毛球教学的价值取向确定为对学生羽毛球综合素质能力的全面培养，用以提高广大学生对社会羽毛球运动的适应能力。

3.选用彰显"以人为本"观念的教学方法

在高校传统的羽毛球教学中，由于教学体系存在着明显的局限性与狭隘性，"填鸭式"或"灌输式"等凸显强制性特征的教学方法得到重用，学生只能够进行被动的接受式学习，学生自主学习意识的培养受到严重的限制，学习的积极性与主动性极为低下，因而无法获得良好的学习效果。因此，为了实现对高校羽毛球教学体系的创新，则必须摒弃传统的教学方法，切实遵循全民健身运动的基本原则，积极研创与运用彰显"以人为本"思想的教学方法与手段，消除学生在羽毛球学习过程中所形成的压抑心理，有效地激发学生对于羽毛球学习的兴趣，进而推动高校羽毛球教学体系的创新与发展。

4.以全民健身为发展需求充分引入社会体育元素

现阶段，我国已经进入了全民健身的新时代，高校要想创新体育教学，可发挥社会体育元素在体育教学中的重要作用。全民健身是将体育元素融入体育教学的基础条件，一方面，能够明确体育教学和社会体育元素之间的关系；另一方面，能够体现社会体育在体育教学中的引导特征。在全民健身的

发展背景下，把运动元素融合在体育课程中，可创新高校体育活动，推动体育课程的多样化发展。比如，把社会娱乐元素与羽毛球课程相结合，不仅可体现羽毛球课程的亲和性，还可表现出羽毛球运动的大众性。教师应以全民健身为发展目标，有计划地进行体育元素的融入，将可操作性的体育内容与羽毛球课程相结合，突出社会体育的宗旨，为社会体育融入高校羽毛球教学提供一个契合点，为现代体育教学事业提供坚实的保障。

第四节　融入课程思政，培育体育精神

一、课程思政的科学解读

（一）课程思政的概念

课程思政是指以构建全员、全程、全课程育人格局的形式将各类课程与思想政治理论课相结合，形成协同效应，把"立德树人"作为教育的根本任务的一种综合教育理念。课程思政的价值在于将各类课程中所含有的思政元素充分挖掘出来，将其嵌入课程教学中，以潜移默化的方式融入教学过程的各个环节中，从而使非思政课程的育人价值得以强化和实现，最终在传递知识的同时达到育人的功效和目的。

（二）课程思政的丰富内涵

课程思政具有丰富的内涵，具体阐述如下。

1.本质：立德树人

从本质上而言，课程思政是一种教育，教育的目标是立德树人。育德是育人的基础和前提，我国教育发展史上一直强调育德的重要性，主张育人、育才要有机统一，这是我国优良的教育传统。育人先育德，育德就是要进行思想政治教育，培养德才兼备的人才，为国家输送道德品质好、专业素养高的全面型人才。在思想政治教育中，要以德"立身""立学"和"施教"，引导学生形成正确的世界观、人生观和价值观，树立科学的民族观、文化观、历史观，从而对民族传统文化进行传承，并不断创新。总之，通过思想政治教育，要培养德智体美劳全面发展的综合型人才，这才是社会发展所需的人才，是中华民族伟大复兴所需要的建设者和接班人。

2.理念：协同育人

我国提出课程思政的育人观，主要就是倡导各学科专业课程的教学与思政教育并行，二者同向同行，共同培育全面发展的人才，这充分体现了课程思政的协同育人理念。协同育人是学校教育的重要使命，也是我国教育方针的具体体现。一所学校的教育水平如何，主要通过该学校培育人才、输送人才的数量和质量来衡量，而且所输送的人才需成为国家的合格建设者和可靠接班人，能够为实现中国梦作出贡献。可见，学校教育是服务国家和民族的教育，高等教育尤其如此。高等教育直接为国家输送优秀人才，培养的人才对国家建设越有利，高校在教育界就越有话语权。

3.结构：立体多元

课程思政是一种多元统一的教育理念，这里的多元包括传授知识、塑造价值和培养能力，将三者有机统一，便形成了结构上立体多元的课程思政。传统教育的结构以传授知识和培养能力为主，相对单一，课程思政的教育结构却是多元的，这是教育结构不断变化和日益完善的表现。传统课程教学中虽然也强调传授知识、培养能力以及塑造价值，但在课程实施过程中往往将三者割裂开来，不利于培养全面发展的人才。而课程思政则实现了三者的统一，使课程教学回归育人本质。

课程思政要求教师在教学过程中尽可能从学生日常生活出发寻找具有实质性的介入方式，只有介入学生日常生活，才能真正了解他们的需求，了解他们遇到的问题与困惑，在融入思政教育的课程教学中有针对性地帮助学生解决问题，使学生将所学知识、技能运用到生活中解决问题，并将在教学中塑造的价值运用于社会交往中，充分发挥学习收获的积极作用，这样学生才能够真正领会知识的力量，领会思想政治教育的价值。

4.思维：科学创新

当前，我国正处于社会转型的关键时期，处于文化大繁荣、多元文化交织的时代，在这一时代背景下，创新思维和科学思维缺一不可。在新时代，培养大学生的思想政治素质非常重要，通过培养，要使大学生形成正确的立场，树立正确的观念，以科学的方法分析和解决问题，在学习中善于观察与思考，善于在实践中学习和领悟，对时代的发展方向要有正确的把握，对社会的主流和支流、现象和本质要能够正确辨析，要形成多元思维，包括系统思维、科学思维、历史思维和创新思维。

课程思政将科学思维展现得淋漓尽致，课程思政中体现的科学思维与唯心主义、机械唯物主义相对立，是一种用历史唯物主义和辩证唯物主义的方式看待事物的思维。当前，国际社会上出现众多社会意识形态，这些意识形态在社会不同领域风云变幻，多种社会思潮观念并存且竞争激烈，在这一背景下，我国教育界需要科学思维才能顶住压力，需要加强思政教育才能抵住侵蚀，可见，将思政教育融入不同学科课程中非常必要。只有加强思政教育，树立科学思维，才能将牢固的思想防线树立起来，使学生面对各种错误思潮时能够自觉抵制。

课程思政不仅体现了科学思维，还体现了创新思维，强调将思政教育融入除思政理论课以外的其他学科课程中，如果像传统思政教育一样单靠思政理论课教育培养学生的思政素养，显得孤掌难鸣，力量比较单薄。而如果能够在思政理论课之外的其他课程中融入思政教育，在课程思政的实施中树立创新思维，谋求新的出路与发展，创造新的方法与空间，那么思政教育将得到创新发展，思政育人目标也将在更高层次实现。与此同时，在其他学科课程教学中融入思政教育也体现了学科课程的创新，对提高学科课程的实施效果和教学质量也具有重要创新意义。

5.方法：显隐结合

在人才培养中，要先回答三个根本问题，一是培养什么样的人，二是怎样培养，三是为谁培养。只有明确了这三个问题的答案，才能在坚持社会主义办学方向的基础上明确人才培养方向，提高人才培养质量。人才培养是一个复杂的工程，其中涉及诸多培养体系，包括教材体系、教学体系、管理体系等，而无论是哪个体系，思想政治工作体系都始终贯穿其中。可见，在人才培养的蓝图中，思想政治工作必不可少。课程思政的提出也恰好反映了这一点，在人才培养中践行课程思政，围绕思想政治教育对人才培养的目标、内容、模式、方法等进行改革，在各类培养人才的课程实施中，将与政治认同、国家意识、文化自信等思政元素融入知识传授、技能培养中，将知识、技能的显性教育与思想政治隐性教育有机统一，能够培养全面型人才，促进学生全面发展。

（三）课程思政的价值

课程思政是对我国教学模式的一次重要突破，弥补了我国传统教学模式在思政教育上的不足。传统教学模式中，各个学科和思政教育之间是相互独立的关系，这种关系导致在很长一段时间内，教育的"教书"和"育人"两个功能难以同时实现。而课程思政则实现了专业课教学和思政教育之间的联合，在专业课教学中有针对性地加入思政教育的内容，一方面丰富了专业课的内容；另一方面也借助专业课课堂达到了思政教育的目的，真正发挥了教育"教书育人"的功能。同时，这种通过串联的方式实现双重目的，提升教学效果和尝试新颖教学模式的成功，为我国接下来的教学模式改革提供了灵感，有助于促进我国的教学模式向着更加科学、高效的方向发展。

课程思政的重要价值是我们将其融入体育课程建设的原因之一，下面我们将具体从学校层面、教师层面和课程层面对课程思政的重要价值进行解读。

1. 学校层面的价值

学校是对青少年进行教育的最主要场所。当前，在社会快速发展变化的背景下，学校面临着各种思潮和文化的相互碰撞，对学校教育来说，这既是一种机遇，也同时是一种挑战，关键在于学校自身的抉择和做法。而课程思政的提出无疑为学校指明了思想教育的发展方向，从顶层设计上实现了道德教育和知识教育的统一，使得学校在思潮变化的风口之下坚持了自己"教书育人"的使命。

2. 教师层面的价值

从教师层面来说，课程思政对他们提出了"三真"要求——真学、真做、真信。"真学"是指教师的学习不应该只集中在专业知识上，而应该实现跨学科学习，同时提高对社会现实的关注，在精通本专业知识的基础上促进自身全面发展。"真做"是指本着"以人为本"的教学理念，对学生负责，不断提高自己的教学水平，钻研课程思政的有效教学方法，坚持进行创新突破，将思政教育无声地融合于专业课堂中，对学生产生潜移默化的影响。"真信"指的是教师本人应该具备高尚的思想道德，严格要求自身，时刻注意自己的言行，通过言传身教实现对学生的教育。

"三真"对教师提出了学习、行动和思想上的要求，对提升体育师资队伍的专业素质和教育能力具有非常重要的价值。

3. 课程层面的价值

从课程层面上看，课程思政并不是将专业课课程和思政课简单相加，而是根据专业课的特点，一方面从其中挖掘思政教学的资源；另一方面根据专业课的特点将思政课程的内容有机地融入专业课中。这样做的目的是将思政教育全过程、全方位地融入课堂中，使学生在学习专业知识的同时又得到思想上的"洗礼"。课程思政不仅实现了课程教育中"智育"和"德育"的结合，还开创性地实现了不同学科之间的融合，为我国教育模式的创新发展提供了全新的灵感。将课程思政理念融入体育课程建设与教学中，既能培养学生的体育知识与技能素养，又能培养学生的良好道德素养，使课程内容更丰富，课程价值更突出。

二、体育课程思政

（一）体育课程思政的内涵

体育课程思政指的是以体育课程为载体，将思政教育元素融入课程教学中，构建集体育知识传递、体育能力培养和思政教育于一体的体育教育实践活动。体育课程思政要求在体育教学的全过程中都贯穿思政教育，在向学生传播体育知识、培养学生运动能力的同时引导学生树立正确的世界观、人生观和价值观，潜移默化地立德树人，对思政价值观的引领作用予以强调，在教学过程中渗透社会主义核心价值观，达到体育教育和思政教育的双重效果，实现促进学生全方位发展和提升的目标。

体育课程思政在发挥思政教育价值方面主要是通过显性教育和隐性教育两种方式实现的，其中显性教育作为主要教育方式发挥了巨大的作用，隐性教育作为辅助方式也发挥了一定的作用，这两种教育方式相辅相成，都是不可或缺的。在体育课程思政的显性教育中，体育教学作为主要载体形式，以比较简单、直接的手段对学生进行思政教育，对学生正确的社会主义核心价值观进行培养。

体育教学的任务不仅是将体育知识与技能传授给学生，培养学生终身体育的习惯，促进学生体质的增强，而且还要对学生的意志品质、思想道德品质、体育精神进行培养，促进学生人格的健全和各方面素质的全面发展。将体育课程与思政课程融于一体的体育思政课程既有体育教育的内容，也有思政教育的内容，结合两方面的优势教学内容构建体育思政育人体系，有利于促进高校体育教学过程的创新，包括教学内容、教学方法与模式、教学评价等多方面的创新，从而进一步深化体育教学改革，提升高校体育课程质量。

（二）体育课程思政的特点

1.育人和健体相结合

大学生处于人生的重要时期，高校要特别重视对学生的栽培与引导，在开展教学和培养人才时要紧紧围绕立德树人的根本任务展开。近年来，随着国外各种文化的不断涌入，一些大学生的价值判断力明显下降，尤其是受到西方价值的影响，导致部分大学生对社会主义思想缺乏高度的认同，这对我国社会主义核心价值观建设造成了严重的阻碍。对此，高校要紧紧围绕立德树人的根本任务对大学生进行思想政治教育，培养全面发展的人才。

增强学生体质，培养学生良好的锻炼习惯，这是体育课程的基本任务。体育课程思政除了要完成体育课程的基本任务外，还要完成立德树人的任务，在培养学生健康体质、提升学生体育理论知识素养和实践技能水平的基础上，将核心价值观教育融入体育课中，引导学生形成正确的世界观、人生观和价值观，达到全面育人的良好效果。

2.思政元素丰富多样

随着体育事业的不断发展和各项体育运动的改革创新，体育运动的育人功能越来越突出，其中所蕴含的思政元素在体育全面育人中发挥了重要的作用。体育项目本身丰富多样，各类项目包含的思政元素各有特色，如武术中蕴含着深厚的武德文化和家国情怀，集体球类运动中富含团队精神、合作精神和集体主义价值观等思政元素等。在体育课程中充分挖掘思政元素，将专业教学内容与思政元素巧妙结合起来，能够培养大学生的优秀品质，使大学生得以全面发展，成为中国特色社会主义建设的中坚力量。

3.内部统一性

人体身体素质，如力量、速度、耐力、灵敏、协同、柔韧等，能够在体育运动中得到充分的展现。这些身体素质共同构成了人体运动素质，它们是有机统一的。体育运动本身就是一个有机统一体，它是外部的、显性的、相对而言，课程思政是内部的、隐性的，体育运动与课程思政好似矛盾体，但其实二者之间有着千丝万缕的联系，二者的相互连接与促进主要体现在同一性上。课程思政中蕴含着强大的精神力量、先进的社会意识和重要的社会主义核心价值观，在体育课程中注入这些元素更加有助于促进体育教学、体育训练和体育比赛的深层次发展，同时也能够使课程思政建设更加丰富、具体和清晰。可见，体育课程思政是一个有机整体，在具体实施中体育和思政不可分割。

（三）体育课程思政的时代意义

1.落实立德树人的重要举措

学校教育的根本任务是培养人才，学校的根本使命是立德树人。课程思政的提出要求学校在育人方面不仅能传授知识和技能，促进学生文化素养和实践能力的提升，还应该注重对学生内在价值体系和思想观念的培养，促进学生思想观念意识的提升，引导学生形成正确的世界观、人生观和价值观。

青少年学生思想活跃，个性鲜明，面对这样的教育对象，应注重实施思政教育，并将思政教育融入专业课教学中，包括体育课。落实体育课程思政不仅能够培养专门的体育人才，还能通过思想引领和价值塑造提升学生的内在修养，将"育体""育德"结合起来。

体育课程思政的提出贯彻了全国高校思政工作会议精神，破解了体育育人的"单向度"困境，是全面贯彻教育方针、深入落实教育强国和体育强国发展战略、实施素质教育的重要组成部分。素质教育理念强调培养人才的基本素质，促进培养对象个性的发展与健全，实现全面发展。因为社会阅历比较缺乏，学生世界观、人生观和价值观还不够稳定，而且也有可能偏离正确方向。再加上社会上各种思潮激流勇进，学生难免会被负面思想和言论侵蚀。因此，将思想政治教育融入学生喜爱的体育课程教学中既能培养学生的身心健康素质，又能提升学生的思想政治素质，并健全其人格，从而真正满足素质教育的要求。总之，体育课程思政强调体育多元价值的充分发挥，有助于实现新时代立德树人的根本任务。

2.建设体育强国的重要路径

世界各国的竞争主要是综合国力的竞争，而综合国力的较量又以人才的竞争为根本。在中华民族伟大复兴、中国特色社会主义现代化建设的进程中，人才战略作为国家发展的战略根基必不可少。只有落实人才战略，我国才能迈向新征程，体育强国梦才能实现。

新时代我国体育事业发展的最高战略目标就是实现体育强国，建设体育强国离不开专业人才支撑，因而培养高素质的体育人才队伍势在必行。这就要求对体育课程思政的独特育人价值加以挖掘，使其得以充分发挥，通过体育课程思政建设与教学实施，培养身心健康、德才兼备的全面型体育人才，为体育强国战略实施提供重要的人力资源和基础保障，使体育人才在参与体育强国建设的过程中实现个人价值。

3.提升育人质量的重要手段

学校教育肩负着为国家培养优秀人才、立德树人的伟大使命。体育课程作为学校教育的一部分，要通过课程建设与教学实施去贯彻育人方针，完成育人使命。课程思政、全面育人等理念的提出体现了国家教育方针的变化与教育结构的完善。为贯彻国家教育体制改革的方向和国家教育方针的发展变化，要求在体育课程教学中将思政教育融入进去，将世界观塑造、人生观引导、价值观培养等融入体育知识传授与技能训练中，并借此培养学生的拼搏精神和顽强意志。体育课程思政是健康教育、思政教育和综合素质教育的统一体，是学校培养全面发展人才的重要举措，是提高人才培养质量的重要突破口，能够开创我国体育教育事业发展的新局面。

三、课程思政融入羽毛球教学的建议

（一）在羽毛球理论教学中融入课程思政

在羽毛球理论知识传授中融入课程思政具有一定的优势，如可以在讲述中国羽毛球发展历程时讲述羽毛球界的重要历史人物，引入人物事迹材料，鼓舞学生的自信心。此外，还可以讲述羽毛球运动对中国体育的特殊意义，启发学生参与羽毛球运动的积极性与自豪感，激发学生勇于担当、敢于突破、顽强奋斗、为国争光的理想信念，学习前辈刻苦训练为中国夺得荣誉的爱国主义精神。

（二）在羽毛球实践教学中培养大学生的规则意识和法治意识

一个人高尚的道德品质在一定程度上是以强烈的法治意识、规则意识为标志的。每个人都应该具备规则意识和法治意识，高校思政教育也非常重视对大学生规则意识和法治意识的培养。利用羽毛球技战术教学培养大学生的规则意识和法治意识是具有一定优势的，具体可通过下列方法将课程思政融入高校羽毛球课堂技战术教学中，从而促进大学生规则意识、法治意识的形成和强化。

第一，体育课程课堂教学与文化课程课堂教学不同，体育课堂上教学内容、形式都比较丰富和灵活，教学过程比较生动，教师能否组织好课堂教学，关键在于要提出一些约束性的规则，加强课堂常规管理。羽毛球作为体育课的重要内容之一，在课堂教学中自然也要加强管理，加强规则约束，无论是组织学生领取和归置器材，还是进行准备活动、练习活动，教师都要提出明确的规范准则和行为要求，使学生依照规范和准则去行动、学习，这样羽毛球课堂教学才能顺利实施。在羽毛球技战术教学中，羽毛球教师尤其要把握好规范性要求，时刻监督学生的行为，纠正学生不符合要求的行为，使学生按课堂规范、羽毛球规则进行羽毛球技战术学练，从而培养学生遵守规则和纪律的意识。

第二，在羽毛球技战术教学中组织实践性的教学比赛活动，教师担任裁判员，向学生说明比赛规则，从专业的角度判断学生的比赛行为是否符合规则。学生必须严格按规则参赛，自觉遵守规则，约束与规范自己的比赛行为，一旦违背规则，将由担任裁判的教师提出惩罚事宜。有些学生认为，比赛规则只有运动员才需要遵守，是运动员的必备素质，而自己不需要遵守。这是错误的思维，体育本身就是有规则的身体活动，任何参与者都要遵守相关规则。大学生参加羽毛球运动，学习羽毛球技战术，应该自觉遵守羽毛球规则，增强规则意识，并将此内化为自己的道德素质。具备该品质的学生，在体育运动中会遵守体育规则，在其他领域也会自觉遵守规则，而且法治意识也会渐渐增强，从而做一名遵纪守法的良好公民。

（三）增加趣味竞赛内容，培养大学生的集体主义精神和合作意识

在羽毛球教学中组织一些趣味性的技能比赛，尤其是需要小组合作才能完成的比赛，如双打比赛、团体比赛等，将有助于促进学生之间交流情感，建立友谊，相互学习，取长补短，共同进步。通过小组合作和组间对抗，学生会渐渐明白集体的力量是非常强大的，个人力量在集体面前十分微小，要融入集体，以集体利益为主，为集体的共同目标而努力才能获得集体的胜利，如果脱离集体，不与同学合作，主观臆断，将导致团队成绩落后。通过比赛，学生将会在潜移默化中形成集体主义精神，合作意识与沟通能力也将得到增强。

（四）以"羽毛球精神"为融入点，培养大学生的意志品质和进取精神

高校思政教育也注重对大学生社会适应能力的培养。任何具有社会属性的人，要想成功，就必须具备一定的社会适应能力，这是大学生将来步入社会后的必备能力，也是大学生意志品质的一种体现。在羽毛球教学中，教师应不断融入与渗透羽毛球精神，利用中国羽毛球精神从情感深处激励学生、

磨练学生，培养学生自强自信、勇敢机智、坚韧不拔、积极进取的良好品质，并让学生通过体会羽毛球精神，真正学会宽容待人、以诚待人、关爱他人、尊重他人，这些都是大学生良好人格素质的重要组成。

四、当前高校羽毛球课程思政建设的现状与问题

（一）思政育人目标不明确

从三维目标分析法的角度出发，可以将高校羽毛球课程目标分为三个维度：一是知识与技能，二是过程与方法，三是情感、态度与价值观。通过评价学生羽毛球知识与技能的掌握情况，可以判断知识与技能目标的实现程度；通过设计与灵活运用具体的教学方法与手段，可以实现过程与方法维度的目标。而情感、态度与价值观维度的目标则比较难以直观评价，该维度的目标是思想层面的目标，相对抽象，如果在实践教学中被模糊处理或粗化处理，则不利于师生对该目标的理解，最终影响该目标的实现，影响全面育人效果的提升。

课程思政的提出对情感、态度与价值观这一维度的育人目标提出了更高的要求，在高校羽毛球课程思政实施中必须将知识、技能的传授与价值引领结合起来。但当前很多高校羽毛球教师没有将思想和精神层面的这一育人目标纳入羽毛球课程目标体系中，或者将思政目标表述得过于抽象、空洞，不利于理解和评价其实现程度。

（二）羽毛球教师思政素养较低，思政教学能力有待提升

将思政教育巧妙地融入羽毛球课程中对羽毛球教师的专业教学能力、思政能力提出了较高的要求。羽毛球教师能否实施好羽毛球课程思政教学，要看其综合素养是否能满足要求。当前，对一部分在职羽毛球教师而言，在羽毛球课程教学中挖掘思政元素、融入思政教育是不小的挑战，而

且因为课程思政融入体育课程建设的相关研究还比较少，所以可借鉴的理论成果或教学模式十分有限。这部分羽毛球教师现有的思政素养和思政教学能力不足以支撑其将思政教育融入羽毛球知识与技能的传授中，以及通过渗透式教育培养大学生的价值观。此外，还有一些羽毛球教师传统教育思维比较僵化、固定化，一时间难以改变，在授课时不善于将教书和育人结合起来，再加上思政能力的欠缺，最终导致羽毛球课程思政建设与实施效果不尽如人意。

（三）学生对课程思政的认知水平不高

课程思政理念要求在专业课程教学中进行思想政治教育，对专业课程中的思政元素进行挖掘与利用，在传授专业知识的同时引导学生在价值观上有所收获，充分发挥课程的德育功能，最终实现课程思政的立德树人目标。但由于课程思政理念提出的时间比较短，再加上课程思政建设还没有引起普遍的重视，其与专业学科的融合还处于初步阶段，所以一些大学生对该理念缺乏基本的认识和了解，也不关心自己在专业课教学中是否融入了思政教育，整体而言政意识薄弱，思政学习积极性不高。鉴于课程思政这一理念在高校的普及还不够广泛，所以要实现专业课程与思政教育的同向同行还有很长的路要走。

（四）羽毛球课程思政资源没有得到充分挖掘

对羽毛球课程中的思政元素进行挖掘是落实羽毛球课程思政的首要环节。但受羽毛球教师自身思政能力有限、羽毛球中的思政元素较为复杂等因素的影响，导致羽毛球课程思政元素的挖掘不够深入，虽然也在羽毛球知识与技能教学中渗透了思政教育，但缺乏深度，对课程中思政元素的把握不够准确，或者一些教师直接将无关痛痒的实证内容强行套在羽毛球教学中，最终不仅浪费了时间和资源，其育人效果也不甚理想。

（五）羽毛球课程思政教学评价体系有待完善

为保障高校羽毛球课程建设的顺利进行，需要构建羽毛球课程思政体系，并在实践中不断健全与完善该体系。但因为高校羽毛球课程思政建设尚处于探索阶段，这方面的教学管理机制还不够完善，评价标准也有待统一。高校羽毛球课程思政缺乏相应的评价体系，主要与高校对体育课程思政不够重视有关，如果这方面的评价机制一直处于缺失状态，那么羽毛球课程思政育人的效果就很难去评价，课程思政教学质量也无法保证。一些高校虽然在羽毛球课程思政建设中初步构建了相应的评价体系，但评价指标相对单一，评价方式也不够灵活，依然无法对羽毛球课程思政实施效果做出客观、准确的评价和判断。

五、高校羽毛球课程思政建设路径

高校进行羽毛球课程思政建设，并不是简单地将思政教育内容机械性地融入羽毛球课程教学中，而是要从羽毛球教学的特点和需要出发，在羽毛球知识传授和技能培养的过程中对学生进行思政教育，其中必然离不开对羽毛球运动自身思政元素的挖掘，力求充分发挥羽毛球课程的思政育人价值，实现综合教学目标。

（一）立足学生，全面参与

立德树人是课程思政建设的主要目标，具体就是要促进学生思想道德水平的提升和实现全方位协调发展。不同学生因为成长环境、个性特征等的不同，他们的思想意识是有差异的，对价值认同、道德评价标准也有着不同的认识与理解。为提高学生的思想意识水平，促进学生正确理解道德评价标准，以高标准严格要求自己的道德行为规范，树立正确的价值观，应在高校羽毛球课程教学中融入课程思政理念，具体要做到如下两点要求。

第一，立足实际培养大学生的羽毛球专业素养，首先培养大学生对羽毛球运动的兴趣，普及羽毛球基础理论知识，使大学生进一步了解羽毛球运动，然后通过深入教学，促进大学生羽毛球认知水平、文化基础水平和技能水平的提升。

第二，举办丰富多彩的羽毛球文化活动，将羽毛球文化内涵渗透其中，培养大学生的体育精神，并使其深入了解羽毛球文化内涵与思政教育的融合点，对羽毛球课程中的思想政治元素进行主动探索，自觉在羽毛球知识与技能的学习中接受思政教育，提高思想政治水平。

（二）深入挖掘羽毛球课程中的思政元素

要促进高校羽毛球课程思政建设，必须对当前的羽毛球课程设计模式进行优化，对羽毛球课程中的思政元素进行充分且深入的挖掘，以高校优秀的师资为依托，与高校思政相关课程的授课教师探讨如何将思政教育融入羽毛课程建设中。利用羽毛球课程本身的思政元素和德育功能培养大学生的世界观、人生观和价值观，优化羽毛球课程与思政教育融合的教学大纲，切实促进羽毛球知识技能教育与德育、价值引领的统一，将立德树人融入羽毛球知识传授与技能培养中，知识技能教育和思想政治教育并重，全方位、立体化培养全面发展的人才。

（三）丰富羽毛球课程思政教学内容

在高校羽毛球课程思政建设中，不断挖掘羽毛球课程思政的内容资源，健全与完善羽毛球课程思政内容体系也是至关重要的。在羽毛球课程教学中融入思政教育，主要是在理论课中进行相关安排与设计。例如，在向学生普及与讲解羽毛球竞赛规则时，可以培养与增强学生的规则意识、公平竞争意识。此外，在实践课上也能够贯穿思政教育，可以结合真实比赛案例，尤其是学生熟悉的羽毛球运动员的案例，使学生体会羽毛球运动中蕴含的体育精神和思想道德规范，以此启发学生向优秀运动员学习，自觉遵守规则和道德规范，学习运动员坚韧不拔、拼搏奋进的精神。也可以通过讲述中国羽毛球的辉煌历史来培养大学生的民族自豪感和爱国主义精神。

（四）改革羽毛球教学方法，深入实施思政教育

传统羽毛球课程教学方法以讲授法、示范法、练习法为主，教学方法相对单一，缺乏创新。陈旧、枯燥的羽毛球教学方法使得一些学生对羽毛球课提不起兴趣，没有学习的热情，课上不认真学练，课下也不主动巩固知识与技能，导致羽毛球教学效果较差。事实上，传统僵化的羽毛球教学模式已然不能适应现代社会对高校羽毛球课程教学的需求了，只有从教学方法上寻求突破、加强改革、不断创新，才能改变羽毛球教学的这一现状，使学生对羽毛球课程产生浓厚的兴趣，积极参与羽毛球运动。

羽毛球课程教学方法的创新方式有很多，在课程思政理念下，结合思想政治教育的要求进行教学方法创新具有重要的现实意义。具体要求为，充分发挥羽毛球课程的德育功能，采用开放式教学方法教育学生，将思政元素融入传统教学方法的实施中，综合运用多种方法和手段进行教学，使学生不仅掌握羽毛球知识与技能，还能在潜移默化的思政教育中提升个人道德素养和综合素质。

为了在高校羽毛球课程思政实施中达到更好的育人效果，羽毛球教师可以根据教学实际设计翻转课堂教学方式，首先对羽毛球运动中具有价值导向的要素加以整合，再运用任务驱动、问题讨论、文化比较等方法引导学生完成教学任务，鼓励学生以小组为单位合作学习，共同分析与解决问题，这有助于培养学生的合作意识和沟通能力，并能启发学生积极思考，主动探索，营造积极向上的学习氛围。

（五）培养与提升羽毛球教师的课程思政能力

高校羽毛球课程思政建设质量如何、课程思政实施效果如何，关键在于羽毛球教师。羽毛球教师作为羽毛球课程思政的设计者与执行者，其自身的思政道德水平、思政教学能力直接影响最终的育人效果。从这一角度来看，要提高高校羽毛球课程思政建设水准和课程思政育人水平，就必须加强对羽

毛球教师的思想政治教育与培训，促进其思想道德水平的提升、课程思政意识的强化以及将课程思政融入专业课教学中的能力。

为促进羽毛球专业教师思政教育能力和专业教学能力的提升，应将德育意识培养的相关内容融入教师培训体系中，并督促羽毛球教师对中国特色社会主义核心价值观进行系统化学习，引导羽毛球教师从羽毛球领域发现与思政教育的结合点，并充分利用羽毛球本身的思政元素、德育功能来教育学生、培养人才。高校可以组织体育相关的"思政课程"培训活动，鼓励包括羽毛球教师在内的体育教师积极参加培训，并与其他体育项目的授课教师多交流、沟通，共同研讨将思政教育融入体育课程的方法，促进授课教师课程思政能力的提升和综合育人能力的强化。

（六）健全与完善羽毛球课程思政教学评价机制

在高校羽毛球课程思政建设中，为促进建设工作的顺利开展，需要在教学管理体制中融入课程思政相关评价。高校羽毛球课程思政教学是一个完整的系统，既包括课程思政的教学目标、教学内容、教学方法，也包括最后的教学评价环节，这是评价羽毛球课程思政育人效果的重要环节，因此在课程思政教学管理中要重视对育人评价机制的创建与完善。

具体而言，健全与完善羽毛球课程思政教学评价机制要从以下两方面进行。

第一，在羽毛球课程思政教学评价中，将羽毛球教师的师德师风作为评价内容之一，并将此作为教师职称评定的一个指标，以此发挥教学评价的激励作用，鼓励羽毛球教师自觉提升自己，在教师队伍中形成良好的思政教育风气和全面育人风尚。

第二，采用多元化的评价角度、评价方式和评价指标实施评价，打破传统教学评价中以技能评价、总结性评价为主的模式，注重考查学生的道德素质、体育精神和学习能力。在评价中要充分体现课程思政的要求，激励师生共同参与羽毛球课程思政建设。

参考文献

[1]董翠香，田来，杨清风.核心素养导向的体育与健康教学设计[M].上海：上海教育出版社，2020.

[2]尹志华.体育教师发展核心素养研究[M].上海：华东师范大学出版社，2022.

[3]万海波，李恒，王茹.高校体育与学生发展核心素养研究[M].北京：人民日报出版社，2021.

[4]尹志华.体育学科核心素养的解构与阐释[M].上海：华东师范大学出版社，2021.

[5]赵富学.中国学生体育学科核心素养研究[M].北京：人民出版社，2020.

[6]潘建芬.体育教师核心素养论[M].北京：北京体育大学出版社，2018.

[7]舒佳.核心素养视域下的学校体育教学研究[M].天津：天津社会科学院出版社，2021.

[8]羌梦华，杨伟，罗军.体育类高职学生核心素养培育系列教材高职体育与健康教程[M].北京：高等教育出版社，2022.

[9]赵惠.新时代背景下体育学科核心素养的内涵及构建路径研究[M].长春：东北师范大学出版社，2020.

[10]赵卫新.基于核心素养的体育与健康校本课程建设[M].南京：江苏凤凰教育出版社，2017.

[11]雷小明.高校羽毛球运动教学研究[M].北京：人民体育出版社，2021.

[12]中国羽毛球协会.羽毛球竞赛规则2021[M].北京：人民体育出版社，2021.

[13]李娜.高校羽毛球运动教学改革研究[M].长春：吉林大学出版社，2020.

[14]李丹.高校羽毛球运动教学与训练方法[M].延吉：延边大学出版社，2020.

[15]谭欣怡，余振东.高校体育教学中培养学生核心素养研究[J].健与美，2023（12）：120-122.

[16]杨霞.重庆市大学生体育核心素养现状及培育策略研究[D].重庆：重庆大学，2020.

[17]黄冉.郑州市高校大学生体育核心素养现状调查及提升路径研究[D].郑州：郑州大学，2022.

[18]张兴.新课标下学生体育核心素养培养的策略[J].田径，2023（3）：23-25.

[19]侯洁.大学生体育核心素养的培养策略研究[D].天津：天津体育学院，2020.

[20]贺子君.鄂东南地区普通高校大学生体育核心素养的现状调查及培养途径研究[D].黄石：湖北师范大学，2021.

[21]李飞妃.核心素养背景下中学优秀体育教师教学设计研究[D].福州：福建师范大学，2020.

[22]生强.核心素养导向下运动教育模式在高中羽毛球专项教学中的应用研究[D].上海：华东师范大学，2022.

[23]刘梓贺.基于学科核心素养的高中羽毛球模块教学设计与实践研究[D].伊犁：伊犁师范大学，2022.

[24]潘旭.基于核心素养的大学生羽毛球运动技能学习评价指标体系研究[D].大连：辽宁师范大学，2021.

[25]朱建国.羽毛球运动教学与训练选修课教程[M].北京：清华大学出版

社，2020.

[26]钟晨.普通高校公共体育羽毛球课程教学质量评价体系构建研究[J].陕西教育（高教），2022（10）：30-32.

[27]王文毅.普通高校羽毛球选项课教学内容选择的研究[J].陕西教育（高教版），2011（12）：51-52.

[28]邵伟德.体育教学模式论[M].北京：北京体育大学出版社，2005.

[29]葛冰.体育教学模式的整体优化研究[D].长春：东北师范大学，2007.

[30]周红萍，苏家福，程云.大学体育"知学练馈"四位一体教学模式设计[J].湖北文理学院学报，2017，38（9）：69-72.

[31]邢欣，王彤."混合式教学"模式下的体育课程设计与实践[J].辽宁体育科技，2020，42（2）：120-125.

[32]周永华，王欣.高校羽毛球运动的发展现状与对策探讨[J].当代体育科技，2018，8（29）：131-132.

[33]陈兆文.体育学科核心素养视域下中学体育课堂教学模式的再思考[J].青少年体育，2020（9）：60-61.

[34]张慧敏.核心素养引领下高校体育课程改革的逻辑思路和实践框架[J].体育风尚，2023（9）：44-46.

[35]朱琳.体能训练在高校羽毛球教学中的重要性分析[J].拳击与格斗，2023（6）：13-15.

[36]郝志鹏.高校羽毛球"课程思政"元素开发与实践研究[D].太原：山西大学，2023.

[37]鲁海涛.高校体育健康促进对大学生运动行为的导向性分析[J].安阳师范学院学报，2022（5）：102-107，114.

[38]王振宇.普通高校羽毛球多媒体教学网站的研究与设计[D].哈尔滨：哈尔滨工程大学，2009.

[39]杨雪芹，刘定一.体育教学设计[M].桂林：广西师范大学出版社，2005.

[40]舒盛芳，高学民.体育教学设计[M].上海：复旦大学出版社，2013.

[41]李士刚.建构主义学习理论指导下的体育教学设计[D].大连：辽宁师范大学，2009.

[42]阿英嘎.信息技术与体育教育专业课程整合[M].南京：南京师范大学出版社，2010.

[43]沈浙.以发展学生身体健康素质为培养目标的体育教学模式的研究与实践[J].运动，2014（6）：35-36，115.

[44]冯川.初中体育线上线下混合式教学模式研究[D].阜阳：阜阳师范大学，2021.

[45]沈锋.基于学科核心素养的体育课程设计策略研究[J].青少年体育，2022（8）：95-97.

[46]贺新家.基于学科核心素养的大学体育课程设计研究[D].武汉：武汉体育学院，2022.

[47]柳夕浪.从"素质"到"核心素养"——关于"培养什么样的人"的进一步追问[J].教育科学研究，2014（3）：5-11.

[48]褚宏启.核心素养的概念与本质[J].华东师范大学学报（教育科学版），2016（1）：1-3.

[49]张华.论核心素养的内涵[J].全球教育展望，2016，45（4）：10-24.

[50]石鸥.核心素养的课程与教学价值[J].华东师范大学学报：教育科学版，2016（1）：9-11.

[51]余文森.从三维目标走向核心素养[J].华东师范大学学报：教育科学版，2016（1）：11-13.

[52]袁桂林.当代西方道德教育理论[M].福州：福建教育出版社，1995.

[53]朱智贤.心理学大辞典[M].北京：北京师范大学出版社，1989.

[54]王晓望.试析关键能力[J].中国培训，2004（7）：24-25.

[55]白明.谈高校体育课程设计的原则[J].中国成人教育，2009，（17）：153.

[56]张建龙，王炜.体育教学方法优化组合的依据、原则与程序[J].新西部（下半月），2009（5）：241，238.

[57]董有为.翻转课堂下的体育教学模式改革[J].冰雪体育创新研究，2021（14）：45-46.

[58]王惠.大学体育翻转课堂模式构建[J].鄂州大学学报，2023，30（2）：91-93.

[59]周治华.全面理解健康第一的教育理念[J].新教师，2022（9）：16-19.